HENRY BECQUE

Souvenirs
D'UN
auteur dramatique

PARIS
BIBLIOTHÈQUE ARTISTIQUE ET LITTÉRAIRE
31, rue Bonaparte, 31
1895

SOUVENIRS
D'UN
auteur dramatique

DU MÊME AUTEUR :

Sardanapale, opéra en 3 actes et 5 tableaux.
L'Enfant prodigue, vaudeville en 4 actes,
Michel Pauper, drame en 5 actes et 7 tableaux.
La Navette, comédie en 1 acte.
Les Honnêtes Femmes, comédie en 1 acte.
Les Corbeaux, drame en 4 actes.
La Parisienne, comédie en 3 actes.
 2 volumes chez Charpentier, Fasquelle et Cie

HENRY BECQUE

Souvenirs
d'un
auteur dramatique

PARIS
BIBLIOTHÈQUE ARTISTIQUE ET LITTÉRAIRE
31, rue Bonaparte, 31
—
1895

IL A ÉTÉ TIRÉ DE CETTE ÉDITION :

Quatre exemplaires sur Hollande,
Mille exemplaires sur vélin d'Angoulême.

Ce volume fait suite aux Querelles Littéraires *qui ont paru en 1890. Il contient tout ce que j'ai écrit depuis, si j'excepte quelques études d'art dramatique que je réunirai à part et un peu plus tard.*

H. B.

L'Enfant Prodigue

L'Enfant Prodigue

J'ai donné autrefois, il y a bien longtemps de cela, en 1868, à l'ancien Vaudeville de la place de la Bourse, un vaudeville intitulé : *L'Enfant prodigue.*

C'était, à bien parler, ma première pièce. *Sardanapale* ne compte pas ou ne compte que pour les blagueurs.

Au moment de présenter l'*Enfant prodigue* je me trouvai fort embarrassé. J'étais un isolé, un intrus dans le monde des théâtres, et je n'y connaissais personne.

Je priai M. Peragallo, agent général de la Société des auteurs et compositeurs dramatiques, d'entendre mon ouvrage. Il le trouva assez satisfaisant pour s'en occuper. Il me promit d'avoir le directeur du Vaudeville à déjeuner, et que je lui lirais ma pièce avant de nous mettre à table.

J'attendais depuis longtemps déjà et l'espoir que M. Peragallo m'avait donné ne se réalisait pas. Je cherchais de tous côtés quelqu'un qui voulût bien prendre mon affaire en main. Je pensai à Sarcey. Je ne le connaissais pas. Je ne l'avais jamais vu. On disait de lui alors qu'il était très grossier, pas si bête et bon enfant, avec quelque chose de ridicule qui complétait le portrait.

J'allai le voir.

**

Sarcey demeurait alors rue de la Tour-d'Auvergne. Vilaine rue, vilaine maison, vilain appartement. La bonne m'introduisit dans un petit salon où deux hommes causaient debout. Je distinguai Sarcey au mouvement qu'il fit et qui voulait dire : Qu'est-ce qu'il y a encore !

J'allai à lui sans qu'il fît un pas vers moi. J'étais prévenu et je le savais mal élevé.

— Je voudrais bien, lui dis-je, un peu embarrassé, vous parler un instant.

— Venez par ici, me répondit-il, avec un mouvement de mauvaise humeur.

Il ouvrit une porte et passa le premier. J'avais bien décidément affaire à un goujat.

En allant d'une pièce dans l'autre, Sarcey devant et moi derrière, je lui demandai pardon de le déranger et je lui rappelai cette phrase si charmante de La Bruyère que la maison d'un homme de lettres est ouverte au premier venu. Justement Sarcey se trouvait reflété dans une glace, et je lui vis faire un mouvement, le troisième, que j'interprétai ainsi : Oh ! oh ! ce monsieur ne sait pas à qui il parle.

Il gagna la cheminée et s'y établit magistralement. J'étais resté debout et je lui dis :

— Je viens de terminer une pièce assez importante et je n'ai ni relations ni appui pour la présenter. Je vous serais bien reconnaissant de prendre la peine de la lire.

— Non, me répondit brusquement Sarcey. Je ne lis plus de pièces. Je n'ai pas le temps. J'ai plus de travail que je n'en peux faire. Si je devais lire les pièces de quelqu'un, ce seraient celles d'About ; je m'en suis expliqué avec lui et il a compris mes raisons. Je ne lis plus de pièces. C'est un parti définitivement pris chez moi.

Le refus était si dur et si catégorique qu'il n'y avait pas à insister.

— Il me reste à m'excuser, dis-je à Sarcey, en le saluant et en me retirant.

J'ai rapporté cette petite scène telle qu'elle s'est passée, point par point, mot pour mot. Tout le Sarcey que j'ai expérimenté depuis était là ; le manque d'éducation, l'égoïsme brutal, et cette importance si comique, qui restera toujours un de mes amusements.

⁂

Quelques jours après, M. Peragallo avait réussi dans ses démarches ; rendez-vous était pris.

M. Harmant, le directeur du Vaudeville, ne vint pas seul ; il était accompagné d'un de ses associés. Ces messieurs étaient arrivés gravement et comme des juges qui vont prononcer une condamnation. La gaieté de ma pièce les retourna. Ils consentirent à s'amuser. M. Peragallo, bien entendu, les y poussait de son mieux. Nous étions devenus des camarades qui ont rencontré quelque chose de drôle et qui en rient sans arrière-pensée.

Le déjeuner, qui eut lieu après, fut très agréable. M. Peragallo faisait bien les choses. Toute sa famille et lui multipliaient les petits soins. Jusque là pourtant, de la question sérieuse et décisive, de la réception de ma pièce, il n'avait pas été dit un mot. Au dessert Harmant se leva, prit son verre et dit : Je bois au succès de l'*Enfant prodigue*, qui sera joué dans trois semaines à mon théâtre.

⁂

L'*Enfant prodigue*, il est temps que je le dise et que j'insiste sur ce point, était d'abord en *cinq* actes. C'était une pièce en cinq actes que j'avais lue, qui avait été reçue et qui devait être jouée dans trois semaines.

J'allai, le surlendemain, remercier Harmant et me mettre à sa disposition. Je le trouvai très affairé.

— Voyons, me dit-il, parlons tout de suite de l'*Enfant prodigue*. Oh ! c'est charmant, plein d'esprit. Ce n'est pas l'esprit qui manque. Mais votre intrigue est trop légère ou votre pièce est trop longue, comme vous voudrez. Il faut me la mettre en *quatre* actes.

Aujourd'hui où j'ai connu toutes les perfidies, tous les trucs des directeurs de théâtre, je ne me laisserais plus prendre à celui-là. Quand Perrin, lui aussi, m'a demandé de réduire *Les Corbeaux* de quatre à trois actes, je m'y suis refusé absolument. Mais je débutais alors, ma pièce ne signifiait pas grand'chose, je n'allais pas crier au sacrilège. Je coupai court aux discussions. Je supprimai les deux derniers actes et je fis un *quatrième* acte nouveau.

.*.

J'ai hâte d'en revenir à Sarcey et je ne conte que le nécessaire.

Harmant m'avait demandé mon manuscrit, mes quatre actes, qui lui appartenaient, me dit-il. Je compris bien vite qu'il ne voulait ni lâcher la pièce ni la jouer. C'étaient chaque jour des difficultés nouvelles. Tantôt elles venaient de ses associés, et il en avait une demi-douzaine ; tantôt de la censure. Harmant me disait : « Méfiez-vous de Camille Doucet. » Et Camille Doucet me disait : « Méfiez-vous d'Harmant. » A un moment, le baron Haussmann fut pressenti sur mon vaudeville, et il voulut bien l'approuver, à l'exception d'un point pourtant, l'ambition chez un personnage ridicule de devenir préfet. Le temps se passait ainsi, et les trois semaines étaient devenues trois mois.

Je dis alors à Harmant :

— Quand vous avez reçu ma pièce, elle vous plaisait ; vous l'avez montrée aux uns et aux autres et vous ne savez plus qu'en penser. Prenons un dernier arbitre et tenons-nous-y.

— Lequel ? me dit Harmant.

— Choisissez vous-même.
— *Sarcey ?*
— Je veux bien que Sarcey lise ma pièce, répondis-je en souriant, mais il me l'a déjà refusé.
— Oh! reprit Harmant, il ne nous le refusera pas, à nous.

Sarcey a été bien souvent sous la dépendance des directeurs de théâtre. En ce moment il est aux ordres de la Comédie-Française et lorsqu'il y a une besogne malpropre à faire, c'est lui qui en est chargé.

Quelques jours après, la question était résolue. Sarcey avait accepté en effet de lire ma pièce. Je devais aller la lui porter moi-même avec une lettre d'introduction qu'il avait demandée. Nous rîmes beaucoup, Harmant et moi, de cette exigence de la part d'un si bon homme.

.*.

Je passe rapidement sur cette première visite, l'autre était oubliée et ne comptait plus.

J'allai voir Sarcey vers midi. Il était encore couché et vint me recevoir en chemise. Sarcey a besoin d'être habillé. Je lui présentai très cérémonieusement ma lettre de créance, et il sentit, je crois, le ridicule où il s'était mis. Il me demanda une quinzaine pour lire ma pièce, je la lui accordai tout naturellement.

J'étais assez anxieux, on le conçoit, lorsque je retournai chez Sarcey. La bonne me fit entrer dans le petit salon et alla le prévenir. Pendant que je l'attendais, j'aperçus sur un guéridon, à l'angle de la cheminée, un manuscrit. Je m'approchai. C'était le mien. Il était disposé de la manière suivante :

Le troisième acte ouvert et feuilleté aux trois quarts ;
dessous le quatrième ;

dessous le premier ;
dessous le second.

Il n'y avait pas à s'y tromper, Sarcey en était resté au troisième acte.

Il entra. Il était dans le même costume que la fois précédente. J'ai déjà dit que la *chemise* ne lui allait pas.

— Voyons, me dit-il presque aussitôt, il ne faut pas se mettre le doigt dans l'œil, ce n'est pas bon, votre pièce.

— C'est un vaudeville, lui dis-je.

— Oui, reprit-il, mais un vaudeville peut être bon ; il y en a d'excellents ; les vaudevilles de Duvert et Lauzanne sont admirables.

Il en était encore à Duvert et Lauzanne ; il ne devait arriver à Labiche que beaucoup plus tard.

Sarcey entreprit la critique de mon vaudeville et elle était extraordinaire. Il me dit qu'il connaissait la province, qu'il l'avait vue de près et qu'elle n'était pas telle que je l'avais *dépeinte ;* qu'un père, qui envoie son fils à Paris, ne convoque pas, *comme je le croyais,* le percepteur et le capitaine des pompiers. Je le regardais avec stupeur. Je ne lisais pas encore ses feuilletons et je n'étais pas préparé.

Après toutes les absurdités que Sarcey venait de me dire, il ne me restait plus qu'à me moquer de lui.

— Vous avez raison, lui dis-je avec un grand sérieux, je vous abandonne mes trois premiers actes ; mais le quatrième, non.

— Oui, je ne dis pas, le quatrième acte, balbutia-t-il.

— Le quatrième acte, repris-je sur le même ton, c'est de la grande comédie.

— *Rappelez-le-moi.*

Je lui racontai alors le quatrième acte primitif, celui de la pièce en cinq actes et qui n'existait plus.

Il ne savait que dire ; il était tout bête et tout penaud ; il cherchait un point où se raccrocher et ne le trouvait pas.

— Enfin, me dit-il, un acte sur quatre, ce n'est pas assez.

— Surtout, repris-je, si on ne va pas jusque-là.

Je repris mon manuscrit, je remerciai Sarcey malgré tout et je sortis.

—Quel jean-foutre ! m'écriai-je.

.*.

Cet arbitrage de Sarcey était devenu pour moi un désastre et allait porter à ma pièce le coup le plus dangereux. Que devais-je faire ? Je laissai, comme l'on dit, passer l'averse. Je restai quelque temps sans me montrer au Vaudeville et sans revoir Harmant. Quand je rencontrais ses associés, ils me disaient : « Vous travaillez ; vous pensez à nous ; courage ! » Ces bonnes gens croyaient que le jugement de Sarcey m'avait convaincu et que j'étais d'accord avec eux pour le trouver définitif.

J'attendais une occasion. Elle se présenta. Le Vaudeville venait de donner une comédie sentimentale et larmoyante et elle avait piteusement échoué. Du coup, je sautai chez Harmant.

— Eh bien, et moi, lui dis-je, et ma pièce ?

— Votre pièce, me répondit-il, elle est toujours là. Nous en parlons bien souvent. C'est la femme qui nous manque. Trouvez-moi la femme, et je vous mets demain en répétition.

C'était toujours la même chose.

— Faisons arranger ma pièce, voulez-vous ? dis-je à Harmant.

— Par qui ?

— Cherchons.

— Par Sardou ?

— Oh ! Si Sardou voulait s'occuper de l'*Enfant prodigue*,

repris-je, ce serait le plus grand bonheur qui pourrait lui arriver.

— Ça vous va ?

— Certainement.

— Eh bien ? Je vais envoyer votre manuscrit à Sardou ; vous irez le voir ensuite de ma part. Sardou est un homme charmant qui vous recevra à merveille. Et Harmant ajouta gaiement : Vous n'avez pas besoin de lettre avec lui.

Sardou était déjà célèbre. Il était en pleine production et en plein succès. J'étais un peu troublé de l'approcher. Je trouvai un homme simple, vif et fin, quelle différence avec l'autre ! « C'est très amusant, votre *Enfant Prodigue*, me dit-il en me recevant. » Il avait trouvé le mot juste et tout ce qu'il y avait à dire de ma pièce.

Sardou me retint quelque temps. Il est le causeur le plus aimable et le plus ouvert que je connaisse.

— Je ferai ce que vous voudrez, me dit-il en finissant. Je dirai au Vaudeville de jouer la pièce, ou je la porterai moi-même au Palais-Royal.

Cette fois, lorsque je retournai chez Harmant, je le tenais bien. S'il gardait ma pièce, et c'était ce qu'il avait toujours voulu ; s'il empêchait Sardou de la placer ailleurs, il ne pouvait plus se soustraire à l'obligation de la jouer. Je la lui rappelai quelque temps après, et il s'exécuta.

L'intervention de Sardou, on le voit, avait été décisive. Vingt ans plus tard, au Théâtre-Français, pour la *Parisienne*, Sardou devait me rendre le même service. A un moment, Claretie, qui avait reçu l'ordre de jouer ma pièce et qui avait cherché déjà à l'ajourner, voulut exploiter contre moi la mort de Samary ; il invoquait d'impérieuses convenances ; il faisait des effets de cœur, ce méchant petit roué ; Sardou le vit et le mit à la raison.

.*.

Bien des fois et devant bien des gens, Sarcey a fait allusion à cette histoire.

« *Oh! Becque, je le connais depuis longtemps, dit-il; il m'a apporté sa première pièce. C'est moi qui ai fait jouer l'Enfant prodigue.* »

Les Corbeaux

Corbaux.

Les Corbeaux

Après le brillant échec de l'*Enlèvement*, qui m'avait demandé plusieurs mois de travail et rapporté *cent cinquante francs*, je croyais bien que la scène française et moi nous ne nous reverrions plus. J'étais entré à la Bourse et j'y faisais la remise. J'avais là quelques amis qui me donnèrent obligeamment leurs affaires. Mais cette clientèle tout intime, très restreinte et régulièrement étrillée, fondait à chaque liquidation. Je tournai bien vite au désœuvré qui vient chercher des nouvelles et mettre sa montre à l'heure.

Le théâtre redevenait mon va-tout. Je n'ai jamais eu, je dois le dire, de fonds de magasin. Je ne sais pas ce que c'est que de prendre des notes ou d'écrire des scénarios. Je fais une pièce, qu'on me passe cette comparaison, comme on fait une femme, en ne voyant plus qu'elle. Mais les pièces demandent toujours un peu plus de temps.

Il fallait être sage et courageux. Il fallait se cloîtrer, en plein Paris, et pour toute une année peut-être. L'*Enlèvement* avait été bâclé à la hâte, dans le deuil de l'invasion et les préoccupations d'argent. J'étais bien décidé cette fois, en entreprenant un nouvel ouvrage, à le défendre contre tout le reste, à l'exécuter sans défaillance et à l'écrire rigoureusement. J'ai des moments comme ça où l'artiste se réveille et où la forme me séduit encore, cette dernière illusion.

Pourquoi, des quelques sujets qui me trottaient alors dans la cervelle, ai-je choisi les *Corbeaux ?* Pour plusieurs raisons.

Bien que j'aie fait fort peu d'ouvrages, j'ai passé, comme le voulait Boileau, du *plaisant au sévère*. Mais c'est le sévère, qu'il y ait de ma part erreur ou prétention, qui m'a toujours le plus tenté. Si les *Corbeaux* avaient été joués à leur heure, c'est-à-dire lorsqu'ils ont été terminés, je n'aurais jamais écrit la *Navette*. Et plus tard, après la représentation des *Corbeaux*, si Perrin avait été un autre homme, j'aurais donné le *Monde d'argent* au Théâtre-Français et je n'aurais jamais écrit la *Parisienne*. Je fais cette petite constatation en passant, avec bien du plaisir, pour documenter la critique qui parle de nous à tort et à travers et sans savoir le premier mot de ce qu'elle dit.

D'un autre côté, j'avais été frappé bien des fois, lorsqu'une famille a perdu son chef, de tous les dangers qu'elle court et de la ruine où elle tombe bien souvent. C'était une thèse si l'on veut. C'était plutôt une observation générale, très simple et très nette, et qui pouvait encadrer une pièce sans nuire à la vérité des caractères.

En réalité, j'ai l'horreur des pièces à thèses, qui sont presque toujours de très mauvaises thèses. Je ne suis pas un penseur, il faut bien que j'en convienne. Je n'ai jamais songé, et c'est là où le penseur se reconnaît tout de suite, à retaper ces deux vieilles loques de l'art dramatique : le divorce et les enfants naturels.

Enfin, on me permettra bien de le dire, il y a chez moi un révolutionnaire sentimental. Je me figure par moments que les difficultés de ma vie sont venues de là. Je n'ai jamais eu beaucoup de goût pour les assassins, les hystériques, les alcooliques, pour les martyrs de l'hérédité et les victimes de l'évolution. Je le répète, je ne suis pas un penseur et les scélérats scientifiques ont bien de la peine à m'intéresser. Mais j'aime les innocents, les dépourvus, les accablés, ceux qui se débattent contre la force et toutes les tyrannies.

.*.

Les Corbeaux, comme je m'y attendais bien, me demandèrent une année de travail. Cet instant de ma vie est le plus heureux dont je me souvienne.

J'habitais alors, rue de Matignon, un appartement comme je les aime, bien situé, lumineux et vide. La pièce où je me tenais et qui était fort belle, était meublée d'une planchette de bois retenue au mur, d'un fauteuil et d'une canne; rien de plus. Je l'arpentais du matin au soir avec une légère excitation qui m'est naturelle et dont j'ai besoin. Le plus souvent je travaillais devant ma glace; je cherchais jusqu'aux gestes de mes personnages et j'attendais que le mot juste, la phrase exacte, me vinssent sur les lèvres. Tout ce que je veux en écrivant, c'est me satisfaire moi-même; je ne connais plus rien ni personne; je ne sais seulement pas s'il y a un public.

L'été, c'était charmant. Dès que le jour paraissait, j'allais ouvrir ma fenêtre et je me remettais au lit. Une pomme d'arbre, qui venait d'un jardin voisin, entrait dans ma chambre avec des fleurs et des oiseaux. Les Champs-Elysées m'appartenaient. J'étais toujours le premier promeneur, celui qui s'en va lorsque les autres arrivent. C'est là, que la critique le sache bien, dans le bon air et la verdure, le ciel sur la tête, que j'ai trouvé mes mots les plus cruels. Pour tout dire, les soirées étaient quelquefois dures, au moment de me remettre devant ma glace. La musique du Cirque et des cafés-concerts, que je pouvais entendre très distinctement, me donnait des distractions. J'enviais alors tous ces paresseux qui buvaient de la bière en écoutant des chansonnettes.

Ma famille demeurait à deux pas, dans la même rue. Je vivais chez elle autant que chez moi. J'allais à tout moment m'asseoir près de ma mère. Elle m'écoutait avec bonté et inquiétude. Elle avait vu de près la vie des auteurs dramatiques. Son frère, Martin-Lubize, l'auteur d'une comédie de Labiche : le *Misanthrope et l'Auvergnat*, n'avait pas fait fortune. Toutes les semaines, ma sœur, son mari et sa petite fille venaient dîner avec nous. C'était le jour attendu et plus bruyant que les autres. Je me multipliais. J'inventais des folies et je découpais la volaille. On n'entendait plus que moi. Et comme je triomphais, quand mon père, qui n'était pas bien commode à dérider, éclatait de rire tout d'un coup en s'écriant : « Qu'il est bête, cet animal là ! » On était quelquefois soucieux et préoccupé chez moi, mais nous n'avions pas connu les grandes douleurs, les morts qu'on emporte et les places qui restent vides.

> O visages aimés et qui furent si tendres,
> Vous n'êtes plus !... . . . .

．•＊．

J'ai promené les *Corbeaux* pendant cinq ans. Ils ont fait les deux grandes tournées : celle des directeurs et celle des auteurs.

Les *Corbeaux* ont été refusés au Vaudeville par Deslandes, au Gymnase par Montigny, à l'Odéon par Duquesnel, à la Porte-Saint-Martin par Ritt et Larochelle. Ballande, de la Gaîté, Clèves du Théâtre Cluny, un troisième, Laforest, qui avait ouvert à l'Ambigu le théâtre des *Jeunes*, n'ont pas désiré les connaître. Montigny, après *la Navette*, les a refusés une seconde fois. Koning, lorsqu'il a remplacé Montigny, les a refusés, et La Rounat, lorsqu'il a remplacé Duquesnel, les a refusés.

J'ai porté les *Corbeaux* à Cadol et ils ne l'ont pas intéressé. Dumas devait les refaire en huit jours et les a gardés un an sans y toucher. Sardou, toujours intelligent et serviable, m'a conseillé de les laisser tels quels et n'a pas réussi à les placer. Gondinet m'en a dit autant et n'a pas été plus heureux que Sardou.

Ma pièce était condamnée. Les belles ardeurs de *Michel Pauper* étaient loin ; je n'étais plus ni assez jeune ni assez confiant pour louer un théâtre une seconde fois. Je ne pouvais plus, si je voulais tirer parti de mon travail, que le publier. La maison Tresse imprima les *Corbeaux*. Au dernier moment, à l'extrême minute, lorsqu'on attendait le bon à tirer et que j'avais déjà la plume à la main, je m'arrêtai, je regardai autour de moi, je cherchai une inspiration, une chance, un hasard. Je pensai à Edouard Thierry, j'étais sauvé.

La Navette

La Navette

J'avais présenté *Les Corbeaux* partout et partout ils avaient été refusés. Je n'étais pas bien en train, on le comprend, de recommencer un grand ouvrage. Je ne savais trop que faire, je fis *la Navette*.

Je connaissais un peu les directeurs du Palais-Royal qui avaient songé à reprendre l'*Enfant Prodigue* et je rencontrais très souvent Plumkett. J'allai au théâtre sans le trouver et je lui laissai ma pièce.

Vingt-quatre heures après, Plumkett, avec beaucoup de bonne grâce et de politesse, me faisait reporter mon manuscrit, *en me demandant autre chose*.

Les Variétés appartenaient à une coterie et me paraissaient inabordables. Le Vaudeville était entre les mains de Raymond Deslandes, un sot et un niais s'il en fut, *un Claretie manqué*. Il ne me restait plus que le Gymnase.

⁂

Gondinet et moi, nous faisions partie alors de la commission des auteurs, avec cette différence que j'étais le membre le plus assidu et qu'il était le membre le moins assidu. Il vint tout justement le jour où je comptais, la séance terminée, aller voir Montigny.

J'ai connu Gondinet de très bonne heure, lorsque nous n'avions encore rien fait ni l'un ni l'autre. Je l'avais rencontré chez un critique musical bien oublié aujourd'hui, Gasperini, l'un des premiers admirateurs de Wagner et celui qui a commencé sa réputation en France.

Je quittai la commission avec Gondinet. Nous étions toujours très heureux de nous retrouver et nous passâmes un moment ensemble. Enfin je lui dis :

« Il faut que je vous quitte ; je porte à Montigny une méchante pièce en un acte. »

« Ça se trouve très bien, me répondit Gondinet, je vais aussi au Gymnase, où Montigny m'a donné rendez-vous. »

« Ah ! mon cher, repris-je aussitôt, faites-moi ce plaisir. Dites à Montigny que j'ai craint de le déranger et remettez lui ma pièce vous-même. »

« Très volontiers, » me dit Gondinet.

J'avais mon manuscrit sur moi et je le lui donnai.

Gondinet, quelques jours après, m'annonça que la *Navette* était reçue.

.*.

Le Gymnase passait des moments difficiles. Les grands auteurs ne produisaient plus ou se faisaient jouer ailleurs. La troupe contenait encore quelques bons artistes ; mais les bons artistes sont la ruine d'un théâtre : ils coûtent cher et ne font pas d'argent. Enfin, Montigny était vieux, malade, dérouté ; il cherchait le vent et ne le trouvait plus.

Il hésitait alors entre deux combinaisons : la première était d'enlever Judic aux Variétés et de tâter de l'opérette avec elle ; la seconde, de revenir aux spectacles coupés dont la mode était déjà passée depuis longtemps.

Ce fut la seconde combinaison, par bonheur pour moi, qui l'emporta ; Montigny mit quatre petites pièces en répétition, la *Navette* était une des quatre.

⁎⁎⁎

C'était la première fois, je le croyais du moins, après plus de dix années de théâtre, que j'allais donner une pièce tout tranquillement, sans querelles et sans obstacles. J'étais bien loin de prévoir la petite conspiration qui était déjà en train.

Montigny avait avec lui deux seconds que sa mauvaise santé rendait tous les jours plus nécessaires et plus importants : Derval, qui était administrateur général, et Landrol, qui était directeur de la scène.

Derval avait bien près de quatre-vingts ans. Très droit, très solide encore, une correction imperturbable. Il avait été comédien dans le bon temps, au temps des vaudevilles galants et des pièces à poudre. Il en était resté au théâtre de Madame.

Landrol, bien que beaucoup plus jeune, qui ne manquait ni de talent ni d'esprit sur les planches, était un autre arriéré à sa manière. Il n'avait de goût que pour les parades, le quiproquo et l'effet sûr. Il avait la spécialité des maris quinteux et des commandants de mauvaise humeur. On ne pouvait plus l'approcher quand il tenait un rôle de Marseillais.

Derval et Landrol avaient lu la *Navette* qui les avait profondément révoltés. Le doute n'était plus possible. Montigny commençait à baisser pour avoir reçu une pièce pareille et leur devoir, à eux, était d'en empêcher la représentation.

⁎⁎⁎

Le premier tour que me joua Landrol ne paraîtra peut-être pas croyable, et j'en ris encore aujourd'hui. Landrol était tenu par ses fonctions de directeur de la scène d'assister à mes répétitions et de les suivre avec moi. Il s'excusa dignement auprès de mes interprètes s'il les privait de ses lumières, mais la *Navette*, leur dit-il, était un ouvrage tel que sa conscience ne lui permettait pas de s'y intéresser.

Cette attitude de Landrol n'était pas seulement comique; elle me créait les plus grands embarras. Achard, qui était chargé du personnage principal, suppliait Montigny de le remplacer. Ses camarades, convaincus que la pièce ne serait jamais jouée, trouvaient très inutile de la répéter et de l'apprendre. Mlle Dinelli était la seule qui me restât fidèle. Il fallait la gagner et l'effrayer; on y réussit. Brusquement, elle me rendit son rôle. Je ne perdis pas la tête. « Réfléchissez jusqu'à demain, lui dis-je, il y a ici une autre artiste que Montigny voulait me donner et que vous allez rendre bien heureuse. » C'est grâce à ce petit mensonge, qui n'en était un qu'à moitié du reste, que je retins Dinelli et que je ramenai les autres avec elle.

.*.

Nous répétions maintenant avec entrain. J'avais appris d'un de mes interprètes tous les détails que je viens de donner, et je ne craignais pas de plaisanter Landrol ouvertement. Quand quelque chose n'allait pas et que nous étions embarrassés pour une passade : Quel malheur, disais-je, que le directeur de la scène ne soit pas ici !

Landrol préparait une nouvelle manœuvre, et celle-là, il le croyait du moins, devait être décisive.

La *Navette* était à peu près montée. Il ne lui manquait plus que le concours et le coup de pouce de Montigny. Lorsqu'il vint pour la première fois prendre sa place au milieu de nous, Landrol, au même moment, parut à l'orchestre et s'y établit.

Les premières scènes furent jouées mollement, avec hésitation. Montigny intimidait ses pensionnaires. En même temps la présence de Landrol nous embarrassait tous en nous menaçant d'une tempête.

Landrol attendait le moment qu'il s'était fixé, la scène sixième, pour tout dire, où la pièce s'engage. Il se leva bruyamment :

« Je ne comprends rien à c'te pièce, dit-il. Je voudrais bien que monsieur l'auteur m'expliquât ce qui s'est passé et pourquoi ce personnage change tout à coup de caractère. »

J'étais près de Montigny et je me levai à mon tour.

« C'est intolérable, m'écriai-je, intolérable. »

Montigny me mit la main sur le bras et dit très posément :

« Continuons. Ça va très bien comme ça. »

Le coup était manqué. Landrol l'avait pris sur un ton que Montigny, par respect pour lui-même, ne pouvait pas laisser passer. Landrol disparut aussitôt de l'orchestre, pendant que mes interprètes et moi nous échangions des clins d'œil méphistophéliques.

.*.

Je n'en avais pas encore fini. Landrol et Derval, qui n'était pas moins monté que lui, cherchèrent autre chose. Ils lancèrent sur moi les amis de Montigny et tous les habitués de la maison.

Il ne se passa plus de jour sans que l'un d'eux ne me prît à part et ne me dît :

« Vous n'allez pas donner cette pièce-là au Gymnase ? Vous ne voudriez pas compromettre le théâtre pour plusieurs années. Si vous tenez à être joué ici, faites quelque chose pour ici. *Portez donc la Navette au Palais-Royal, où elle sera à sa place et où on la recevra à bras ouverts.* »

Je répondais invariablement :

« Montigny sait ce qu'il a à faire. C'est à lui de prendre une décision. S'il préfère me payer l'indemnité fixée par la Société des auteurs dramatiques, je retirerai ma pièce avec plaisir. »

A la longue et bien que Montigny ne cédât pas facilement, toute cette désapprobation qui l'entourait et ne s'arrêtait pas, l'avait influencé. Il cessa de venir. La répétition générale eut lieu sans qu'il y assistât. Il fit plus. Il profita d'une grande première aux Variétés et glissa ma pièce le même soir, honteusement.

Les Honnêtes Femmes
A LA COMÉDIE-FRANÇAISE

Les Honnêtes Femmes
a la Comédie-Française

S'il y a un de mes confrères avec lequel j'aie été en de bons termes, dans des rapports aimables et obligeants, qui ne m'avait jamais heurté et que j'avais ménagé toujours, c'est bien ce bêta de Claretie. Où et comment l'ai-je connu, je ne m'en souviens pas ; mais nous nous étions rencontrés de très bonne heure, et en 1870 nous étions déjà des camarades.

Presque tout de suite après la guerre, à une première représentation du Théâtre Cluny, Claretie eut une altercation très vive avec un jeune peintre de mes amis. Celui-ci lui avait reproché sa conduite pendant le siège, de s'être déguisé en adjudant-major de la garde nationale pour voler les papiers des Tuileries. Claretie me pria de calmer ce mauvais coucheur et je m'interposai efficacement.

Je dirai à ce propos que Claretie, pendant le siège, n'a été ni colonel, ni lieutenant-colonel, pas même commandant. Mon peintre ne se trompait pas. Claretie était bien adjudant-major. Je ne sais si l'envie de rire m'abuse, mais comme ce grade d'adjudant-major convient bien à Claretie, comme il est fait pour lui et le peint bien tout entier :

JULES CLARETIE
Adjudant-major de la garde nationale

c'est une merveille.

On ne sait plus aujourd'hui que Claretie, en 1870, ne s'est rien refusé. Il a mené de front la vie militaire et la vie politique. Les papiers des Tuileries n'étaient qu'une réclame électorale. Claretie s'est présenté à la députation. Il a tenu des réunions et prononcé des discours. Dans sa proclamation on retrouve ce grand axiome qu'il ne pouvait pas oublier et qui nous a tant amusés alors : « Ce ne sont pas les lois qui font les mœurs ; ce sont les mœurs qui font les lois. »

Le voilà, l'adjudant-major, le voilà bien.

Claretie, pour en finir sur ce point, fut très surpris de son peu d'action sur les masses. Un jour, dans les dernières années de l'Empire, lorsque les troubles commençaient déjà, on l'avait vu perdre la tête ; il s'était écrié :

— Je serai le Camille Desmoulins de la nouvelle Révolution. »

L'ami qui a entendu cette bouffonnerie et de qui je la tiens, me disait :

— Il n'en sera même pas le Camille Doucet.

．•．

Je le répète. Pendant près de vingt années, mes relations avec Claretie, sans être suivies et intimes, restèrent invariablement excellentes. Il y a plus. Claretie, toutes les fois qu'il le pouvait, me cassait l'encensoir sur la figure, pendant que j'étais fort embarrassé moi-même, on le comprendra, avec un homme aussi uniformément nul, de lui rendre sa politesse.

A la commission des auteurs, où nous nous sommes bien longtemps trouvés ensemble, lorsqu'il m'arrivait, comme on dit, d'attacher le grelot, Claretie ne manquait jamais de venir me serrer la main à la fin de la séance. C'est courageux, me disait-il ; ou bien : c'est généreux; ou bien encore:

vous êtes un vaillant. On reconnaît là cette grosse phraséologie qui lui est ordinaire.

Je pourrais, si je voulais, multiplier les exemples ; écoutez seulement celui-ci :

Quand le *Prince Zilah* a été joué au Gymnase, il avait été question un moment de lui faire une réclame monstre. Un journal tout entier, écrit par Weiss, par Halévy et deux ou trois autres, devait être consacré à Claretie, à sa pièce et à ses interprètes. On avait bien voulu penser à moi et me demander le portrait de cette belle et admirable Hading.

J'allai trouver Claretie. Non, je ne pourrais pas dire tous les compliments qu'il me fit alors, sur la *Parisienne* d'abord qu'on venait de jouer, sur mon talent, sur mon esprit, sur mon caractère. Je l'interrompais et il recommençait. Je lui demandais grâce, il allait toujours. Enfin il couronna cet interminable éloge de la façon la plus inattendue, avec une dernière et décisive flatterie : « Ma femme vous aime beaucoup, me dit-il. »

Nous en étions là, Claretie et moi, lorsqu'il devint administrateur de la Comédie-Française. Il m'adorait ; sa femme m'aimait aussi ; je n'étais pas un indifférent pour ses tantes, et ses cousines répétaient mon nom.

⁎

Dans la première visite que je fis à Claretie, et j'étais déjà venu plusieurs fois sans qu'il me reçût, je lui demandai de régulariser mon service de première représentation.

Claretie me répondit : *Que nous étions trois, Abraham Dreyfus, Emile Moreau et moi, qui n'avions pas encore le droit d'avoir une place aux premières représentations du Théâtre-Français.*

Dans ma seconde visite, j'ai oublié ce qui m'amenait cette fois, je lui touchai un mot, en passant, de la *Parisienne*.

Claretie me répondit, et c'était de sa part sans doute un habile mensonge : « *qu'un de mes grands confrères l'avait menacé de retirer son repertoire du Théâtre-Français, s'il y faisait entrer ma pièce* ».

Enfin, obligé d'écrire à Claretie pour la *Revue illustrée*, qui allait paraître et où j'étais entré, j'ajoutai ces quelques mots en post-scriptum : « Je vais venir bientôt vous tourmenter pour les *Honnêtes femmes*. »

Claretie, le lendemain même, envoyait une note au *Temps*, une note officielle où il me faisait connaître sa réponse. Il avait retrouvé *onze* pièces qui devaient être jouées avant la mienne, et dans ces onze pièces, on ne croirait pas des choses pareilles, figurait *un ouvrage de Scarron adapté par Gerard de Nerval !*

.*.

Lorsque l'excellent M. Kaempfen, le prédécesseur de Claretie, et le Comité du Théâtre-Français avaient eu l'obligeance de me prendre les *Honnêtes femmes*, il avait été convenu que ma pièce viendrait la quatrième, et M. Kaempfen m'avait donné le nom des trois autres. J'aurais assommé Claretie plutôt que d'en laisser passer une de plus.

Après des contestations de toute sorte, après un article de ma part qui amena des difficultés plus graves et que Louis Ganderax arrangea avec sa bonne grâce ordinaire, Claretie s'exécuta.

Je n'ai pas eu à me plaindre de lui pendant les répétitions. Il n'y parut pas. Au dernier moment seulement, lorsque ma pièce était prête et allait passer, Claretie vint donner le coup d'œil du maître.

Il faut que je rapporte un petit dialogue que nous avons eu alors et qui amusera, je crois, la nouvelle école.

A un moment, dans les *Honnêtes femmes*, la femme principale a cette phrase à dire :

« Quand les bras me tombent, que ma tête s'engourdit et que je sens que je vais m'endormir, je trempe le bout d'un biscuit dans un demi-verre de ce petit vin blanc, la seule boisson qui me dise quelque chose. »

— Oh ! Becque, me dit Claretie qui était près de moi.
— Qu'est-ce qu'il y a ? lui répondis-je.
— Du petit vin blanc à la Comédie-Française !
— Eh bien ?
— Il faudrait mettre du Marsala.

Est-ce drôle, hein, mes amis ? Est-ce assez comique ? Le voilà bien, l'adjudant-major !

．*．

Les *Honnêtes femmes* furent très bien accueillies par le public de la première représentation. On leur fit un succès, je puis dire, bien au-delà de leur mérite. Toute la presse s'y associa complaisamment.

Un seul critique, un seul, ce vieux misérable auquel je suis toujours forcé de revenir, Sarcey apporta un pavé sur cette bluette. Mais Sarcey fit quelque chose de plus. Il raconta que Claretie, en jouant les *Honnêtes femmes*, avait voulu m'obliger, et il célébra ses généreuses intentions à mon égard.

Sarcey savait très bien que ma pièce avait été reçue par Kaempfen et que Claretie, s'il l'avait pu, l'aurait ajournée indéfiniment. D'abord je le lui avais écrit moi-même. Ensuite Sarcey sait tout ce qui se passe à la Comédie-Française. Il est renseigné jour et nuit. Mais Sarcey est aux ordres de Claretie, et il ne craignit pas de me sacrifier, de m'humilier presque, pour plaire à son patron. Eh bien, j'en ai assez, je le dis très nettement, de cette complicité malpropre et malfaisante. Quand on en a fini avec Claretie, quand il a fallu se battre et se débattre, quand on est arrivé jusqu'à l'écœurement, allons, allons, c'est vraiment trop de souffrir encore quelque chose pour une grue.

∗

Les *Honnêtes femmes* étaient mon premier ouvrage, le second, pour être tout à fait exact, qui me rapportait quelque argent. Arrivées à la vingt-troisième représentation et après m'avoir produit six mille francs, Claretie trouva que c'était assez. Il avait tant d'autres obligations. Les académiciens à se concilier ; les journalistes à satisfaire ; et cette insupportable Nancy Martel, à qui il faut renouveler son lever de rideau tous les trois mois.

Après ces vingt-trois représentations et pour en obtenir de nouvelles j'ai été obligé de demander une audience à M. Spuller, ministre de l'Instruction publique et des Beaux-Arts.

Plus tard, j'ai été obligé de demander une audience à M. Lockroy qui avait remplacé M. Spuller.

Plus tard, j'ai été obligé de demander une audience à M. Bourgeois qui avait remplacé M. Lockroy.

Depuis près de trois ans, le Théâtre-Français n'a pas donné une représentation de ma pièce sans que j'aie été la solliciter au ministère, sans l'intervention constante d'un haut fonctionnaire des Beaux-Arts.

On se lasse de tout. J'ai renoncé maintenant au Théâtre-Français. J'ai pris le parti de faire des articles, puisque Claretie aime mieux ça.

∗

J'en fais juges tous mes confrères. Voilà un homme qui, la veille encore, était mon camarade ; qui m'accablait de ses éloges et de ses flagorneries ; il a écrit des romans dont il ne reste pas une page ; des pièces de théâtre dont il ne reste pas une scène ; des chroniques dont il ne reste pas un mot ; nous le tenons tous pour un manœuvre et un praticien, pas davantage. Eh bien ! c'est ce manœuvre, c'est ce praticien, c'est cet adjudant-major qui se permet de me dire que je n'ai pas encore le droit d'avoir une place aux premières représentations de la Comédie ! Garde-là, ta place, académicien de carton, littérateur de pacotille, tu la paieras plus cher qu'elle ne vaut.

La Parisienne
A LA COMÉDIE-FRANÇAISE

La Parisienne
a la Comédie Française

I

Au commencement de mai 1890, j'étais très tranquille dans mon coin et je m'étais remis à mes fameux *Polichinelles*. M. Albert Carré, en devenant l'unique directeur du Vaudeville, avait eu l'obligeance de me les demander.

J'avais bien une autre préoccupation théâtrale, mais de si peu d'importance. Les abonnements de la Comédie allaient finir et Claretie leur avait donné toutes les petites pièces du répertoire courant, excepté la mienne.

L'année précédente, j'avais été obligé de me plaindre à M. Lockroy, alors ministre de l'Instruction publique et des Beaux-Arts. L'année précédente encore, j'avais été obligé de me plaindre à M. Spuller, alors ministre de l'Instruction publique et des Beaux-Arts. Mais Lockroy était un vieil ami, Spuller une vieille connaissance; une démarche auprès d'eux allait toute seule. Je ne connaissais pas M. Bourgeois, le nouveau ministre, et il m'en coûtait, on le comprend, de l'importuner de mes petites affaires.

Justement je m'étais rencontré quelque temps auparavant avec M. Gustave Larroumet, alors directeur des Beaux-Arts, et il s'était mis très gracieusement à ma disposition. Je lui écrivis un mot et je lui demandai un rendez-vous.

J'attendis une dizaine de jours sans que M. Larroumet me donnât signe de vie. C'étaient dix jours encore de perdus. Je n'avais plus que bien juste le temps si je voulais obtenir mes deux représentations, en quelque sorte réglementaires. Je pris mon parti et je demandai une audience à M. Bourgeois.

Je reçus du même coup la réponse du ministre et celle de M. Larroumet. Ces messieurs me donnaient rendez-vous pour le lendemain, M. Bourgeois dans la matinée et M. Larroumet dans l'après-midi

Je revins alors à ma première idée de ne pas déranger le ministre et je me bornai à aller voir M. Larroumet.

M. Larroumet, en me recevant, me dit tout de suite :

— Le ministre vous a attendu ce matin, vous n'êtes pas venu.

— Mon dieu, lui répondis-je, il s'agit de si peu de chose que c'est déjà trop de vous en ennuyer.

M. Larroumet me regarda avec surprise et me laissa continuer.

— Depuis que Claretie est là, repris-je, je ne peux rien obtenir de lui sans l'intervention du ministère. Voilà les abonnements qui vont finir et ma petite pièce, les *Honnêtes Femmes*, est peut-être la seule qu'il n'aura pas jouée. Je vous serais bien reconnaissant de la lui rappeler.

M. Larroumet me regardait toujours avec surprise et comme un homme qui s'attendait à autre chose.

— Laissons cela, me dit-il. Le ministre va vous indiquer un autre rendez-vous. Vous irez le voir et vous lui demanderez de faire entrer la *Parisienne* au Théâtre-Français. Il vous répondra que c'est une affaire convenue.

C'était mon tour d'être étonné. Je ne savais rien de rien, et j'étais à mille lieues d'une pareille nouvelle.

Depuis longtemps déjà, après tous les mensonges et toutes les saletés que m'avait faites Claretie, j'étais fixé sur son compte. J'étais bien sûr qu'il ne me prendrait pas ma pièce. Pour tout dire, je ne l'avais jamais désiré sérieusement. Pressé par mes amis, par mes relations littéraires et mes relations mondaines, j'avais bien parlé de la *Parisienne* à celui-ci et à celui-là, mais malgré moi et à mon corps défendant. Ce que j'aurais voulu, c'est que le Théâtre-Français remontât les *Corbeaux*. Là était mon intérêt véritable. Quant à la *Parisienne*, je pensais qu'un jour ou l'autre un théâtre de genre me la demanderait, et que Mlle Réjane, qui y avait eu tant de succès dans un grand salon parisien, voudrait bien certainement la jouer. Si on ne croyait pas ce que je dis, je vais le prouver dans un instant.

Bien entendu, je remerciai vivement M. Larroumet de la faveur qu'on me faisait et de la part qu'il y avait sans doute prise. J'essayai bien de savoir quelque chose, d'où venait cet intérêt si inattendu pour la *Parisienne* et pour son auteur ; mais M. Larroumet ne m'en dit pas davantage.

.

En rentrant chez moi, je trouvai la lettre du cabinet du ministre que M. Larroumet m'avait annoncée. Le lendemain, j'allai voir M. Bourgeois.

Je n'ai pas à parler ici de l'homme politique qui s'est fait une si grande place en si peu de temps, et dont nous admirons tous la haute intelligence, l'éloquence et l'intégrité. Pour la première fois peut-être, je trouvai un ministre simple et ouvert, souriant, *une personne naturelle*.

J'exposai à M. Bourgeois le but de ma visite ; il ne me laissa pas continuer.

— C'est entendu, me dit-il, et nous sommes très heureux de vous être agréables.

Nous causâmes théâtre un instant. Il en parlait très bien et il était renseigné. Je mis en avant mes amis, Georges

Ancey et Jean Jullien, dont il connaissait le grand talent.

Au moment de quitter M. Bourgeois, je le remerciai de nouveau et j'ajoutai :

— Je vous suis d'autant plus reconnaissant, monsieur le ministre, que sans votre intervention ma pièce n'aurait jamais été jouée au Théâtre-Français.

— Vous vous trompez, me répondit doucement M. Bourgeois ; M. Claretie était très bien disposé, je vous assure.

— Non, monsieur le ministre, non, repris-je ; n'essayez pas de couvrir M. Claretie, vous n'y réussiriez pas. Je tiens M. Claretie pour le dernier des polissons.

— Enfin, reprit M. Bourgeois, l'affaire est faite, c'est le principal.

Nous échangeâmes encore quelques mots et je me retirai.

***

Quelques jours après, je retournai chez M. Larroumet pour deux raisons ; d'abord, pour lui rendre compte de ma visite au ministre ; ensuite, pour me mettre entièrement d'accord avec lui.

— Ainsi, dis-je à M. Larroumet en le revoyant, ma pièce entre au Théâtre-Français, c'est bien entendu ?

— C'est parfaitement entendu, me répondit-il.

— Quand me jouera-t-on ?

— On va vous jouer tout de suite.

— Qu'est-ce que je dois faire auprès de Claretie ?

— Rien, vous n'avez qu'à attendre.

— Qui me conseillez-vous pour le rôle de la Parisienne ?

— Bartet.

Cette conversation était bien de nature à me satisfaire. On avait pensé à tout, jusqu'à me donner Mlle Bartet. Et cependant je regrettais encore ma combinaison qui me paraissait de beaucoup la plus avantageuse : les *Corbeaux* au Théâtre-Français, la *Parisienne* ailleurs.

Pour en finir sur ce point et pour donner la preuve que j'ai promise, voici ce qui se passa :

Dès que l'on sut au Théâtre-Français et autour du Théâtre-Français que la *Parisienne* allait y être jouée, M. Porel, alors directeur de l'Odéon, m'écrivit et me demanda la pièce pour Réjane. Aussitôt, je priai M. G. Roger, agent général de la Société des auteurs, de voir Porel et de s'entendre avec lui. C'est bien clair. Mais Porel ne voulut prendre aucun engagement. Il me demandait ma pièce sans conditions, pour la donner quand il lui plairait. Je ne pouvais pas, on le comprend, accepter une éventualité semblable, et comme l'on dit, lâcher la proie pour l'ombre.

II

La situation était bien nette. Claretie avait reçu l'ordre de jouer la *Parisienne* et il devait la jouer aussitôt. M. Larroumet m'avait dit d'attendre, j'attendais.

Je reçus alors une lettre de William Busnach, oui, de William Busnach, qui m'écrivait :

« Mon cher ami, j'ai déjeuné ce matin avec Claretie ; nous avons beaucoup causé de la *Parisienne* ; il serait assez disposé à la monter. Allez donc le voir et battez le fer pendant qu'il est chaud. »

Qu'est-ce que vous dites de ça ?

On ne sait peut-être pas que Busnach a rendu à Claretie plus d'un service discret. C'est lui qui a commencé la pièce : *Monsieur le Ministre*, qu'Alexandre Dumas a finie.

Je répondis tout de suite à Busnach :

« Mon cher ami, je suis seul à connaître mes rapports avec Claretie. La *Parisienne* n'entrera au Théâtre-Français que lorsqu'un ministre la prendra par la main. »

Je reçus alors une lettre de Prud'hon, oui, de Prud'hon, le sociétaire de la Comédie-Française. Il avait, m'écrivait-il, une communication importante à me faire.

Qu'est-ce que vous dites de ça encore ?

Devant ces preuves manifestes que me donnait Claretie de son imbécillité, quelle conduite devais-je tenir ? Devais-je laisser agir le ministre ou l'aider de mon mieux ? Ce second parti me parut le plus convenable, et j'entrai en rapport avec Prud'hon.

.*.

Prud'hon était chargé de m'apprendre que le comité du Théâtre-Français, ou plutôt deux de ses membres, Got et Febvre, avaient soulevé une difficulté.

Il est d'usage au Théâtre-Français qu'une pièce qui y a été refusée, et c'était le cas de la *Parisienne*, ne peut plus jamais y être jouée.

Je ne discute pas, je raconte.

Devant cette chicane si inutile que l'on me faisait et que Claretie n'avait pas su empêcher, je pensai tout naturellement à son prédécesseur.

Ah ! bien, il aurait fait bon avec Perrin que le comité discutât une décision ministérielle, et que Febvre, plus particulièrement, fît la mauvaise tête.

Qu'on me permette à ce propos une anecdote.

Lorsque les *Corbeaux* ont été reçus au Théâtre-Français et que Got était tout indiqué pour les jouer, Febvre me demanda le second rôle de ma pièce. Je le lui promis. Plus tard, à la veille même des répétitions, en apprenant que

Got était remplacé par Thiron, Febvre revint sur nos arrangements.

Nous étions sur la scène, derrière la toile de fond, lorsque Febvre me rendit mon rôle. Au même moment parut Perrin. J'allai à lui et je lui dis :

— Febvre ne veut plus jouer.

— Restez là, me dit Perrin.

Il fonça sur l'ami du prince de Galles et en moins d'une minute, d'une seconde, il revenait vers moi en me disant :

— Febvre se trompait, il jouera votre pièce.

Je passe sur mes négociations avec le comité. Elles durèrent bien près d'un mois et Prud'hon servait toujours d'intermédiaire.

C'est que Claretie n'est pas seulement un administrateur incapable ; il en fait le moins possible. Il ne s'occupe que des engagements et du sociétariat, où il trouve toujours quelque chose à gagner.

.*.

La *Parisienne* était enfin reçue.

Le lendemain, le lendemain même, mes rapports avec Claretie devenaient exécrables, et il allait multiplier les mensonges, les perfidies, toutes les canailleries possibles, jusqu'à la dernière représentation de ma pièce.

J'étais allé le lendemain voir Claretie et le remercier pour la forme. Après quelques mots sur les difficultés que le Comité avait faites et qu'il avait si énergiquement combattues, il me dit :

— Voilà votre pièce ici. Je vous jouerai dans un an, j'ai des engagements jusque-là.

Je fis un mouvement malgré moi et Claretie ajouta en rougissant :

— C'est sans doute Mlle Reichenberg que vous désirez avoir, elle n'est pas libre.

Je n'avais qu'un mot à dire, une autre comédienne à nommer et c'est ce que Claretie espérait sans doute. Je le quittai sans plus d'explications, en me promettant bien de le surveiller, lui et ses engagements.

°

Claretie a deux journaux, le *Figaro* et le *Temps*, avec lesquels il communique et qu'il inonde de sa prose administrative. Le *Figaro*, pour cette fois, fut mis de côté. Ce fut le *Temps*, huit jours après ma visite, qui publia les nouvelles suivantes :

« Dans sa dernière séance, le Comité du Théâtre-Français a reçu la *Parisienne*, de Becque.

« Au mois d'octobre prochain, *Frou-Frou*, de Meilhac et Halévy, qu'on avait eu déjà l'intention de monter sous la direction de M. Perrin, entrera en répétition à la Comédie-Française. Le rôle de Frou-Frou sera joué par Mlle Reichenberg. »

Je les connaissais maintenant, ses engagements. Il avait hâte de payer à Ludovic Halévy sa dette académique.

Je découpai la note du *Temps* et je l'envoyai à M. Larroumet avec ces mots :

« Arrêtez-le tout de suite ; il recommence l'histoire des *Honnêtes Femmes*. »

En même temps, j'écrivis à Claretie :

« Il a été convenu au ministère que ma pièce serait jouée la première. Si vous aviez monté un ouvrage nouveau, je n'aurais rien dit ; mais reprise pour reprise, il y a une sorte de justice générale à faire passer la *Parisienne* avant *Frou-Frou*. »

Claretie me répondit :

« Le ministère n'a rien à voir là-dedans. Vous avez été reçu par estime littéraire. Si vous voulez vous faire jouer par ordre, essayez. »

Qu'est-ce que vous dites de ça encore ?

Le *samedi* suivant, je répète : le *samedi* suivant, il y avait dîner et réception à l'Instruction publique. J'allai à la réception, j'y trouvai Claretie et je l'abordai :

— Où en sommes-nous ? lui dis-je.

— Je ne vous jouerai pas, me répondit-il délibérément. J'ai vu le ministre hier (j'insiste : hier, c'était vendredi), je lui ai exposé ma situation et mes engagements et il les a approuvés.

J'étais très déconfit. Je l'étais surtout pour la raison que je vais dire. M. Bourgeois et M. Larroumet avaient été parfaits : je craignais d'être allé trop loin et de les avoir indisposés.

— Il y aurait bien un moyen pour vous d'être joué tout de suite, ajouta Claretie, ce serait de prendre Samary pour la *Parisienne*.

Accepter Samary c'était en finir ; je consentis.

J'allai bien vite voir M. Larroumet qui devait intervenir auprès de Bartet et lui éviter une peine inutile.

— Pourquoi avez-vous fait ça ? me dit-il.

— Que voulez-vous ? lui répondis-je, Claretie avait vu le ministre vendredi et, je le crois bien, il l'avait retourné.

— Je ne sais pas, reprit M. Larroumet, si Claretie a vu le ministre vendredi, mais samedi, à 7 heures et demie, deux heures avant que vous ne causiez avec lui, au moment de nous mettre à table, Claretie était du dîner, le ministre lui a dit devant moi : Je ne peux pas vous fixer une date précise pour la *Parisienne*, mais j'entends que M. Becque profite des avantages que nous avons voulu lui faire.

Qu'est-ce que vous dites de ça ? Qu'est-ce que vous dites de ça ?

III

Je conte en ce moment une histoire de théâtre, des misères d'auteur et des saletés de coulisses qui paraîtront peut-être bien insignifiantes. Mais c'est de notre grande scène qu'il s'agit, qu'on ne l'oublie pas, et de l'homme déplorable qui aujourd'hui encore en a la direction.

C'était fait. J'avais accepté Samary, tout en la trouvant trop jeune et trop innocente pour représenter ma Parisienne. On sait le malheur qui arriva. La charmante artiste tomba malade et ne se releva plus.

Ah ! que ce Claretie a de cœur ! Il en remontrerait pour le cœur à tous les ingénieurs du théâtre moderne. Il renonça aussitôt, la main sur son cœur, à jouer la *Parisienne* et remit *Frou-Frou* en avant.

Ici se place un épisode agréable et qui donne de Claretie une exacte mesure.

Il faut que je dise d'abord que Mlle Bartet, dès qu'on lui avait parlé du rôle, l'avait refusé. D'un autre côté, je ne voulais pas transiger avec Claretie, en me rejetant sur sa comédienne de prédilection. Mlle Reichenberg se trouvait ainsi ma dernière ressource. J'allai la voir sans la trouver ou plutôt sans qu'elle me reçût.

Dès qu'il eut connaissance de cette démarche, Claretie manda Reichenberg et lui parla avec autorité. La *Parisienne*, après la mort de Samary, était devenue une pièce impossible ; aucune comédienne, digne de ce nom, ne se risquerait à la jouer.

J'étais allé en même temps consulter Sardou. Sardou s'entremit aussitôt auprès de Claretie et lui fit entendre raison. Quarante-huit heures après avoir vu Reichenberg, Claretie la mandait de nouveau et lui distribuait le rôle de la *Parisienne*.

.•.

Il est temps que Sarcey entre dans la danse. C'est à lui tout autant qu'à Claretie que j'ai affaire. Je ne pourrais pas dire lequel des deux a été le plus méprisable.

Ainsi et comme entrée de jeu, Claretie m'avait placé dans cette alternative, ou de prendre la comédienne de son choix, de son cœur, ou d'être renvoyé à l'année suivante. Ainsi, Mlle Bartet avait refusé son rôle, un rôle que le directeur des Beaux-Arts trouvait tout indiqué pour elle, et Claretie s'était immédiatement incliné. Ainsi et grâce au plus effronté mensonge, Claretie m'avait imposé Samary qui me paraissait un choix défavorable. Ainsi Claretie avait voulu arrêter net la combinaison Reichenberg, la seule qui me restât, et c'était Sardou qui l'avait fait réussir. Ce n'est pas tout. Je vais parler dans un instant de mes répétitions, qui ont été pitoyables, et plus particulièrement de la conduite de Lebargy, le grand camarade de Claretie.

Sarcey n'ignorait rien. Sarcey, je l'ai déjà dit ailleurs, sait tout ce qui se passe à la Comédie-Française ; il est renseigné jour et nuit. Sarcey, dans l'ignoble article qu'il consacra plus tard à la *Parisienne*, n'en écrivit pas moins :

« Il faut leur rendre cette justice (à Claretie et au théâtre), une fois la résolution prise (la décision du ministre acceptée), ils n'opposèrent à M. Becque aucun mauvais vouloir ni aucune résistance. Ils firent bonne mine à l'œuvre et à l'auteur. *Il choisit ses interprètes*, les dressa avec la *minutie entêtée* qu'il apporte dans la mise en scène de ses ouvrages et monta la *Parisienne* comme il l'entendit. *Claretie n'intervint que très discrètement.* »

Voilà les mensonges triplement calculés qu'on débite au public, avec lesquels on trompe les ministres, et que répand un impudent critique pour couvrir le directeur et le théâtre qui le subventionnent.

.*.

En 1882, lorsque j'étais entré à la Comédie-Française, j'avais trouvé un théâtre imposant, administré de haut et jusqu'en ses plus petits détails par un homme fort. Perrin, la silhouette de Perrin, l'ombre de Perrin, était partout.

En y revenant huit ans après, je tombais dans une pétaudière, dans une maison livrée par un subalterne aux subalternes, où tout le monde décidait, excepté Claretie, préoccupé uniquement de ses intérêts, de ses fredaines et de sa réclame.

Il faut bien qu'on le sache et que quelqu'un le dise enfin. Si Sarcey, pendant tant d'années, a poursuivi Perrin de ses plus perfides critiques, de sa plus haineuse rancune, c'est que Perrin avait refusé de l'acheter ; et c'est parce que Claretie, en entrant, à peine assis, l'a acheté tout de suite, que Sarcey met aujourd'hui à défendre et à prolonger Claretie l'acharnement qu'il mettait autrefois à détruire Perrin.

Je viens de dire que mes répétitions avaient été pitoyables : ce n'est pas assez. J'avais voulu, hélas ! obliger Prud'hon ; je constatai tout de suite ses résistances et son impuissance. Féraudy cherchait des *effets sûrs*. Mlle Reichenberg, que j'avais connue si laborieuse, si souple et si docile, n'apprenait même plus. Avec Lebargy, j'étais aux Funambules.

Lebargy, entraîné par l'exemple de Bartet, aurait voulu faire comme elle. Bartet avait dit : « C'est un rôle pour Mlle

Réchane. » Lebargy disait : « On me donne un rôle de M. Galipaux. »

Le jour de ma lecture, Lebargy arriva une heure en retard et fit une entrée étonnante. Il prit un siège et affecta la posture la plus singulière. Ses camarades se demandaient ce qu'il avait, s'il était malade ou s'il était ivre ; Mlle Reichenberg, à tout hasard, ramena ses jupes.

Lebargy, après cette mascarade, en prit à son aise. Il venait vers les trois heures ; il se montrait un instant et on ne le revoyait plus. Quand on avait besoin de lui, Mlle Reichenberg parcourait le théâtre en appelant de tous côtés : Le-bar-gy ! Lebargy n'était pas là et on levait la répétition.

Un jour, ses camarades impatientés s'en prirent à moi : « Vous ne devez pas supporter ça », me dirent-ils en chœur. Le lendemain, lorsque Lebargy parut, je l'appelai, je le forçai à venir en scène et je lui dis : « Quoi que vous fassiez, vous jouerez le rôle. — Je le jouerai, me répondit-il, si je le veux. » C'est ainsi aujourd'hui, au Théâtre-Français, que parlent les apprentis et les doublures.

Claretie ne venait jamais. Les semainiers ne venaient jamais. Worms, que j'avais choisi pour monter la pièce avec moi, était absent. Je pris le parti d'attendre son retour, et je cessai aussi de venir.

Voilà la *minutie entêtée* que signale Sarcey et dont j'ai fait preuve.

Qu'on me permette pour finir sur ce point une anecdote.

A la troisième ou quatrième répétition des *Corbeaux*, Perrin, qui voulait voir comment je m'en tirerais, s'était caché dans la salle. Personne ne le savait là, et nous travaillions consciencieusement. La répétition finie, Perrin vint nous retrouver, et en me montrant à mes interprètes, il leur dit : « Ecoutez-le bien ; il est plus fort que nous tous. »

Si je rappelle ce propos, ce n'est pas, qu'on le croie

bien, pour en tirer une vanité folle ; non. Mais je trouve là une réponse à Sarcey, à cette vieille et odieuse portière, qui discrédite un auteur sur des rapports de cabotins.

∗

Ma pièce tomba.
C'était un bien petit malheur auprès de celui qui m'attendait. Je perdis une sœur que j'aimais tendrement. J'en avertis Claretie et j'ajoutai :
« Je ne reviendrai pas au théâtre. Ne vous préoccupez « pas de moi, et faites passer les intérêts de la Comédie « avant les miens. »

IV

J'avais écrit à Claretie :
« Ne vous préoccupez pas de moi et faites passer les intérêts de la Comédie avant les miens. »
Le lendemain, je lui écrivais :
« Je viens de lire l'article de Sarcey qui a changé mes dispositions. Il faut que Mlle Nancy Martel quitte la Comédie-Française. »
Je ne peux pas, après bientôt trois ans, entrer dans le détail de cet article de Sarcey, fait de main de traître, où il avait accumulé mensonges sur mensonges et perfidies sur perfidies. C'était un coup d'assommoir, concerté entre Claretie et lui, pour achever ma pièce.

∗

En mettant tout de suite Mlle Nancy Martel en cause, j'avais voulu établir la complicité de Claretie et lui donner un avertissement. Mais qu'allais-je faire de plus et pourrais-je faire quelque chose de plus, je me le demandais.

Je reçus alors une lettre de M. Tézenas, l'avocat bien connu, avec lequel j'étais en d'aimables relations. Evidemment cette lettre, sans rien dire, voulait me dire : « Il y a un procès dans l'article de Sarcey ; le faites-vous, le faisons-nous ? »

J'allai voir M. Tézenas aussitôt. Je ne m'étais pas trompé. Il connaissait l'article mieux que moi et il avait déjà étudié l'affaire.

Nous convînmes d'attaquer Sarcey. J'étais très monté, et, d'ailleurs, je n'avais pas d'autre parti à prendre. Cependant, lorsque M. Tézenas, qui voyait là un procès à sensation, me dit : « Il faut le faire annoncer. » « Attendons encore, lui répondis-je, laissez-moi choisir mon moment. » En réalité, la menace me suffisait et me plaisait plus que l'exécution.

A peine rentré chez moi, je trouvai une occasion, et elles ne me manquèrent pas, d'écrire à Claretie. Je glissai négligemment ce post-scriptum : « Sarcey va recevoir une assignation qui ne le fera pas rire. »

.*.

A partir de ce moment, j'ai défendu la *Parisienne* pied à pied, minute par minute, contre toutes les supercheries de Claretie. Il m'est arrivé de lui envoyer jusqu'à trois télégrammes dans la même journée et de le sommer de rétablir ma pièce sur l'affiche. Je jouais de l'assignation avec bien de la délicatesse ; tantôt elle était prête, tantôt elle se trouvait retardée ; une autre fois, elle était imminente, imminente.

La *Parisienne* par bonheur faisait plus d'argent que les autres spectacles et résistait de son mieux. La troisième représentation avait produit *quatre mille neuf cent quatre-vingts francs*. C'était sur une recette de 5,000 francs, faite, j'ai le droit de le dire, par ma pièce seule, sans interprétation, sans toilettes et sans décors, que Sarcey l'avait exécutée.

***

Il faut que j'en convienne, souffrant et affecté comme je l'étais, préoccupé justement du dommage matériel qui m'était causé, cette petite guerre entreprise contre un directeur et un critique, ces deux fléaux de l'art dramatique (le comédien est le troisième), n'en tournait pas moins à la partie de plaisir. L'*Assignation Sarcey* était devenue un véritable vaudeville qui rappelait l'*Affaire de la rue de Lourcine*. Je voyais très bien Mistingue-Claretie et Lenglumé-Sarcey, chacun sur son téléphone, où ils échangeaient leurs inquiétudes pour une assignation imaginaire. C'était, j'ose le dire, de l'excellent théâtre et bien certainement le meilleur que j'aie fait.

Quelque chose me déplaisait. Claretie, dans les lettres qu'il m'écrivait, affectait de ne pas me parler de l'*Assignation*. Il avait l'air de me dire : « C'est votre affaire, ce n'est pas la mienne ! » Je ne voulais pas de ça.

« Il est temps, écrivis-je à Claretie, de relever ma pièce. L'*Assignation Sarcey* paraîtra lundi dans trois journaux à la fois. »

Aussitôt, Claretie me télégraphia de ne rien faire et d'attendre qu'il m'eût écrit. En effet, le lendemain, je reçus une lettre de lui, où il m'exhortait, au nom de ma situation littéraire, à éviter un pareil éclat. Claretie, pour donner plus d'importance à cette lettre, *l'avait fait charger*. Je ne m'embêtais pas, comme on voit.

J'avais un autre sujet d'amusement, et celui-là c'était dans l'article même de Sarcey que je l'avais trouvé. Sarcey ne s'était pas contenté de son assassinat. Il y avait ajouté une petite scélératesse d'un autre genre et que Mᵉ Tézenas avait relevée comme moi. Sarcey avait écrit :

« On me dit que Becque a fait la *Parisienne* sur une femme particulière. Je n'ai pas connu Clotilde. »

C'était canaille et bien drôle. Il n'avait pas connu Clotilde. Lorsque ma journée était finie, c'est-à-dire lorsque toutes mes précautions avec Claretie étaient prises et notre correspondance mise en ordre, je fredonnais sur un air qui a été très en vogue un moment : *Il n'a pas de parapluie.*

> Il n'a pas connu Clotilde,
> Et c'est bien heureux pour elle ;
> Il connait Nancy-Martel,
> Ah ! plaignons la pauvre fille !

La vie serait peut-être trop dure, sans la gaîté qu'on y apporte et la résistance qu'on lui oppose.

.*.

Jusque-là et pendant près d'un mois, *mon procès avec Sarcey* n'avait été connu que de quatre personnes : Sarcey, Claretie, Tézenas et moi. Pour tout dire, je l'avais abandonné. Tout d'un coup, les journaux s'en emparèrent et les reporters se mirent en campagne.

Je trouvai alors, dans une interview de Sarcey, une révélation bien inattendue.

« Becque ne sait peut-être pas, avait dit Sarcey, que
» c'est moi, par mes démarches personnelles, qui ai fait
» jouer la *Parisienne* au Théâtre-Français. »

Non, Sarcey, non, je ne le savais pas et j'étais bien loin de le supposer.

Voilà un homme qui, peu de temps auparavant, avait écrit de la *Parisienne* qu'elle était un chef-d'œuvre définitif; il dispose de ma pièce sans moi et presque malgré moi ; il entraîne le ministre et le directeur des beaux-arts ; la plus petite délicatesse lui commandait, quoi qu'il arrivât, de rester de son avis, d'être de notre côté, avec nous, et de nous défendre tous ensemble. Il avait atténué et soutenu bien d'autres échecs, *la Bûcheronne, la Souris, les Petits Oiseaux,* etc. Que fait-il ? Il découvre le ministre qui s'est fié à lui ; il découvre M. Larroumet, son ami ; il massacre un ouvrage qu'il admirait la veille. Et tout cela, pourquoi ? Pour exonérer Claretie et le Théâtre-Français de leur responsabilité. De tous mes interprètes, Prud'hon avait été le plus attaqué ; il le trouve très bien pour sa part et en fait un grand éloge. C'est que Prud'hon est un vieux sociétaire qui a voix au chapitre et qui tient les clefs de la caisse.

.*.

Après tant de pas et de démarches, après toutes les allées et venues que la représentation de la *Parisienne* m'avait demandées, il me restait une dernière et pénible visite. J'avais à m'excuser auprès du ministre de l'aventure où il s'était engagé pour moi. Je retrouvai M. Bourgeois plus aimable encore, avec cette belle grâce de l'homme supérieur pour qui les petites défaites ne comptent pas.

« Eh bien ! monsieur le ministre, lui dis-je, est-ce que je n'avais pas raison de vous dire que M. Claretie était un polisson ? Croyez-vous que Sarcey, payé comme il l'est par la Comédie-Française, aurait fait un pareil article sans être d'accord avec Claretie ? »

« Certainement », me répondit M. Bourgeois, en baissant la tête.

.*.

Non, personne ne peut soupçonner les chagrins, les tourments, les inquiétudes, les difficultés, les embarras, que m'ont causés ces deux coquins, ce fourbe et ce cynique, en se concertant pour étouffer ma pièce, en la tuant du même coup à la Comédie et ailleurs.

Je sais très bien qu'en travaillant pour le public on s'expose à toutes les sévérités. La critique est maîtresse de ses pires jugements. *Je ne lui ai jamais demandé indulgence ou appui*. Mais la critique n'a rien à voir ici. Il s'agit d'un directeur, du directeur de notre première scène, et d'un écrivain publiquement à ses ordres et à sa solde, qui s'entendent pour faire un mauvais coup.

Croyez-moi, mes amis, nous nous sommes trompés sur Claretie. Nous l'avons pris pour un simple et un innocent. Il était bien médiocre, il était, je puis dire, le médiocre-type, et nous ne voyions pas autre chose. Personne ne s'est conduit plus habilement et avec plus de savoir-faire ; il a franchi des distances incalculables à plat ventre. Il est entré sournoisement à la Comédie, lorsque tout le monde en attendait un autre. A peine arrivé, il a trouvé la rosette de la Légion d'honneur dans un lavabo. Un homme d'esprit, qui l'a vu pratiquer et qui sait ce qui se passe, l'a surnommé *le Parfait Secrétaire des amants*. En servant les autres, il ne s'oubliait pas ; il a fait du Théâtre-Français un marchepied et une descente de lit. Il y a un effronté dans ce pleutre.

Brelan de Confrères

Brelan de Confrères

J'ai eu trois de mes confrères qui sont devenus directeurs de théâtre : Raymond Deslandes, Charles de La Rounat et Jules Claretie. Je dirai quelque chose des trois, et ce sera de bien près la même chose.

Deslandes est celui que j'ai le plus connu. En 1868, lorsque j'ai donné ma première pièce, j'entrai tout de suite en relations avec lui et nous devînmes pour bien longtemps d'excellents camarades.

Deslandes n'en menait pas large alors. Sa situation, pour tout dire, était lamentable. L'insuccès régulier de ses ouvrages, et plus encore leur irrémédiable platitude l'avait compromis définitivement. Il était brûlé : brûlé auprès des directeurs qui ne prenaient même plus la peine de le lire, et brûlé auprès de ses confrères qui esquivaient l'un après l'autre sa collaboration. Avec cela, pas d'argent et plus de crédit. Personne n'aurait supposé, en voyant Deslandes toujours tiré à quatre épingles, qu'il avait un martyr sous les yeux, le martyr de la comédie-vaudeville.

Deslandes, qui se sentait perdu, avait visé d'abord la direction de l'Odéon. Il ne l'obtint pas. Il n'avait pas, comme La Rounat, rendu des services à la République. Le Vaudeville allait fort mal et les propriétaires ne demandaient qu'à s'en débarrasser. Deslandes se retourna de ce côté. Il trouva des associés et une commandite.

En prenant possession d'un théâtre, Deslandes y apportait les dispositions les plus dangereuses. Ses amis et lui, disait-il, n'avaient pas donné leur mesure ; ils avaient été étouffés. Aussi ne voulait il jouer que des auteurs de son groupe, des ratés de sa nuance et de sa promotion ; Durantin, par exemple, qu'il admirait profondément.

Je ne plaisante pas. Je ne dis que bien juste la vérité, quelque énorme qu'elle paraisse. Il faut être du métier et avoir vu les gens sur place pour les connaître véritablement. Pendant les quinze années qu'il a administré la Comédie-Française, Perrin n'a monté qu'une pièce, une seule, avec joie et enthousiasme. On ne voudra pas me croire, lorsque je l'aurai nommée. *La Princesse de Bagdad !!!* Deslandes, qui ne valait pas Perrin, avait comme lui des préférences stupéfiantes. De tous les ouvrages que Deslandes a représentés, c'est le *Drame de la gare de l'Ouest*, oui, le *Drame de la gare de l'Ouest* où il a mis le plus de cœur, tout son cœur. Quelques jours avant la représentation, je me trouvais au Vaudeville ; Deslandes me prit le bras et me fit faire un tour avec lui. Il me parla d'abord de Durantin, un esprit de premier ordre ; il me parla ensuite de sa pièce, une très, très jolie chose ; enfin, il termina par ces mots qui contenaient une grande leçon à mon adresse : « Voyez ça, me dit-il, voyez ça. »

Après un an de ce système, où Deslandes n'avait joué que ses amis et les pièces qu'il fabriquait avec eux, la commandite était mangée et le théâtre en déconfiture. On rarrangea les choses. On mit le Vaudeville en actions, et Sardou, *qu'on ne devait plus jamais y voir*, y rentra comme un sauveur.

A peine le théâtre prospérait-il, à peine une réserve avait-elle été constituée, Deslandes, qu'on me passe ce mauvais mot, perdit complètement la sienne. Il devint méconnaissable. Vingt-cinq années de sottise rentrée et de vanité bouffonne lui sortaient par tous les pores. Il tranchait, le malheureux ! Il en était venu là, jusqu'à trancher ! Si la Commission des auteurs ne l'avait pas arrêté tout de suite, il aurait fait reprendre et défiler au Vaudeville tout son répertoire. Lorsqu'on lui parlait de quelque chose, d'une idée ou d'un plan, il ne vous écoutait qu'à moitié et comme un homme qui a mieux. Dès que vous aviez fini, il vous proposait une autre pièce, *une pièce qu'il avait dû faire avec Barrière*. Nous sommes huit ou dix, je n'exagère pas, auxquels il a proposé des pièces qu'il avait dû faire avec Barrière.

Deslandes, je dois le dire, avait une excuse : il était complétement inconscient. Il y avait chez lui du niais, du dadais, du vieil aveugle. Pour rien au monde, il n'aurait quitté le boulevard, la Chaussée-d'Antin ; il voulait être là, en pleine observation, dans la fournaise. Il se croyait *parisien* et il était des Batignolles. Il était de toutes les Batignolles.

Deslandes connaissait beaucoup Sarcey, mais Sarcey, on le sait, ne plaisante pas avec son indépendance ; il éreintait régulièrement les pièces de Deslandes. « Que voulez-vous, disait-il, Deslandes est un bien brave garçon que j'aime de tout mon cœur ; pourquoi s'obstine-t-il à faire du théâtre ? Le théâtre, je ne cesserai de le répéter, est un don. Deslandes n'a pas le don. »

En prenant le Vaudeville, Deslandes engagea aussitôt Mlle Nancy-Martel. Sarcey écrivit alors : « Je préviens les jeunes gens que toutes leurs plaintes ne me touchent guère. Qu'ils travaillent ! Qu'ils fassent une bonne pièce ! Ils ont, au Vaudeville, un homme dans lequel j'ai pleine confiance, qui est un artiste et un lettré, et l'un de nos premiers auteurs dramatiques. »

．•．

Il paraît que La Rounat avait rendu des services à la République. Je n'ai jamais su lesquels. Etait-ce d'avoir obtenu l'Odéon sous l'Empire ? La Rounat répétait toujours : « La République me doit quelque chose. » On le crut et l'Odéon lui fut rendu.

L'histoire de La Rounat est exactement celle de Deslandes. En quittant le *XIX⁰ Siècle*, où il faisait de la grosse critique théâtrale, La Rounat avait perdu sa dernière carte. Brûlé comme Deslandes, sans ressources comme lui, il avait besoin aussi d'une direction de théâtre pour retrouver sa suffisance et se permettre les plus folles prétentions.

Je n'ai eu que trop peu de rapports avec La Rounat pour parler de lui bien longuement. Dirai-je qu'il m'a gardé *les Corbeaux* pendant six mois ? Il ne voulait, ni les recevoir, ni les refuser. Il fallut l'intervention de Jules Ferry, alors Président du conseil, pour qu'il les refusât. Grand, sec, bien planté, les cheveux en brosse et la moustache en croc, on devinait chez La Rounat des forces et une énergie extraordinaires. Il est mort d'une chute sur la glace, d'un faux pas. C'est tout ce qu'il a fait et le seul souvenir qu'il ait laissé.

La Rounat connaissait beaucoup Sarcey ; mais Sarcey, on le sait, ne plaisante pas avec son indépendance ; il éreintait régulièrement les pièces de La Rounat. « Que voulez-vous, disait-il, La Rounat est un bien brave garçon que j'aime de tout mon cœur ; pourquoi s'obstine-t-il à faire du théâtre ? Le théâtre, je ne cesserai de le répéter, est un don. La Rounat n'a pas le don. »

En prenant l'Odéon, La Rounat engagea aussitôt Mlle Nancy-Martel. Sarcey écrivit alors : « Je préviens les jeunes gens que toutes leurs plaintes ne me touchent guère. Qu'ils travaillent ! Qu'ils fassent une bonne pièce ! Ils ont, à l'Odéon, un homme dans lequel j'ai pleine confiance, qui est un artiste et un lettré, et l'un de nos premiers auteurs dramatiques. »

∴

Je serai cette fois, avec Claretie, aussi équitable que possible. Bien inférieur pour le caractère à Deslandes et à La Rounat, il a eu certainement plus de talent que l'un et l'autre. Claretie a été sans trop de peine l'un des grands faiseurs de copie de notre époque. Il a remué tous les lieux communs avec aisance, quelquefois même avec bonheur. Il faut bien le reconnaître aujourd'hui, on a exagéré sa nullité qui est restée proverbiale.

Claretie, qui valait ce qu'il valait, pouvait se passer d'un théâtre. La protection, l'exemple, les conseils de Camille Doucet, que l'administration des Beaux-Arts avait conduit à l'Académie, l'ont perdu. Il a demandé la Comédie-Française pour son usage personnel et il s'en est servi cyniquement. Il faut être du métier, je le répète, et, pour parler des gens, les avoir suivis toutes les cinq minutes. Le nombre de calculs et de mensonges, de compromis et de saletés qu'a coûté à Claretie son élection académique, est inimaginable. C'est le fauteuil de Tartuffe qu'il occupe.

Si Claretie était resté le bon garçon et le petit garçon que nous avons connu si longtemps, on se serait amusé de sa réussite. C'était drôle, voilà tout. Il aurait fait comme les autres, comme Deslandes et comme La Rounat, il se serait donné trop d'importance, on le lui aurait pardonné encore. Il faut bien en prendre son parti. Lorsqu'un homme est resté toujours sans autorité personnelle et qu'une fonction lui tombe entre les mains, il demande tout naturellement à cette fonction les satisfactions qui lui ont manqué jusque-là. C'est le moment attendu par la grenouille pour faire le bœuf. Mais Claretie a fait pis que les autres. Il a pensé que les grands emplois demandaient dissimulation et rouerie, et que pour être un homme fort il fallait être d'abord un homme habile. Claretie s'est trompé. Il ne sera jamais un homme fort, et il est devenu un véritable fourbe.

Claretie connaissait beaucoup Sarcey ; mais Sarcey, on le sait, ne plaisante pas avec son indépendance ; il éreintait régulièrement les pièces de Claretie. « Que voulez-vous, disait-il, Claretie est un bien brave garçon que j'aime de tout mon cœur ; pourquoi s'obstine-t-il à faire du théâtre ? Le théâtre, je ne cesserai de le répéter, est un don. Claretie n'a pas le don. »

En prenant le Théâtre-Français, Claretie engagea aussitôt Mlle Nancy-Martel. Sarcey écrivit alors : « Je préviens les jeunes gens que toutes leurs plaintes ne me touchent guère. Qu'ils travaillent ! Qu'ils fassent une bonne pièce ! Ils ont, au Théâtre-Français, un homme dans lequel j'ai pleine confiance, qui est un artiste et un lettré, et l'un de nos premiers auteurs dramatiques. »

Le Klephte

Le Klephte

I

Quand je suis entré dans le monde des lettres, je me suis lié de préférence avec de pauvres diables comme moi qui avaient de la peine à vivre et de la peine à percer. Je croyais que les gueux étaient de bonnes gens, des natures franches et des cœurs chauds, et, comme dit la chanson, qu'ils s'aimaient entre eux. Abraham Dreyfus était alors de mes amis et bien certainement l'un des préférés.

M. Dreyfus, pour être sincère, ne me satisfaisait pas complètement. Je lui trouvais bien de la petitesse. Il voyait petit et faisait petit. Il se perdait dans des ouvrages de nain et des compétitions microscopiques. On ne me croira peut-être pas. L'homme alors qu'il jalousait le plus, le concurrent terrible et qui lui prenait sa place au soleil, c'était ce pauvre Verconsin. Dreyfus avait écrit un monologue remarqué : *le Monsieur en habit noir* ; mais Verconsin, avec *C'était Gertrude !* le dépassait de beaucoup. Quand on parlait piécettes, saynettes, théâtre de paravent, on disait : Verconsin et Dreyfus, et bien souvent Verconsin tout seul ; Dreyfus le savait et en souffrait profondément.

Dreyfus avait aussi une préoccupation singulière et que chez un autre j'aurais trouvée suspecte. Il ne pouvait pas faire comme tout le monde, écrire quelque chose et le signer. Il lui fallait un pseudonyme. Il lui en fallait deux, trois, dix, cinquante. Il est bien certainement l'écrivain de notre temps qui a le plus usé de ce demi-anonymat. Il a été *M. Josse, M. Perrichon* et le *Monsieur qui passe* ; il a été *Nimporte-qui* et *Chose et Machin* ; il a été *X..., Y..., Z*. Je ne comprenais pas bien qu'un homme qui avait un nom à se faire changeât de nom continuellement. J'étais bien loin de prévoir que ce goût des pseudonymes et de l'alibi aurait ses conséquences et nous brouillerait tôt ou tard.

Tout compte fait, Abraham Dreyfus m'était très sympathique et j'avais pour lui un réel attachement. Notre amitié à un moment devint plus intime. La ressemblance de nos situations devait nous lier davantage. J'étais un petit bourgeois, il l'était aussi ; je vivais en famille, il vivait de même ; il avait une mère excellente, des frères et des sœurs, il leur parlait de moi quelquefois ; ce monde aimable voulut me connaître, et j'allai, un jour, manger la soupe aux choux chez eux.

II

M. Abraham Dreyfus a été interviewé la semaine dernière par un rédacteur du *Gaulois*. M. Dreyfus, on le pense bien, n'avait pas de bien grosses nouvelles à donner de lui ; il s'est rejeté sur moi, et j'ai fait les frais de la conversation. Je plains profondément M. Dreyfus ; nous croyions tous autrefois qu'il avait quelque chose dans le ventre ; il n'a rien fait et il ne fera rien ; il en est maintenant, il nous l'a appris lui-même, à écrire des pièces pour enfants, des *saynètes pédagogiques*. Devant cette fin lamentable, je voulais d'abord ignorer son article, laisser passer cette trombe de méchancetés, de mensonges et de perfidies. Mais on m'a assuré que j'aurais tort et que M. Dreyfus avait abusé cette fois de ma complaisance. Quelqu'un m'a dit gaiement : « Que vous lui serviez à faire ces pièces, c'est bien ; mais que vous lui serviez aussi à faire ses interviews, c'est trop. »

III

Voici l'histoire du *Klephte*.
Un matin, vers midi, je rencontrai Abraham Dreyfus.
— J'allais aller vous voir, me dit-il.
— Pourquoi ?
— J'ai eu beaucoup d'ennuis, reprit Dreyfus assez tristement, avec une pièce que je viens de faire. Elle est bien maintenant en répétition à l'Odéon, mais vous comprenez, pour ce que rapporte une pièce en un acte à l'Odéon, je ne voudrais pas risquer un four. Je voudrais vous lire ma pièce et avoir votre opinion.
— Quand vous voudrez, lui répondis-je.
— Êtes-vous libre en ce moment ? Voulez-vous venir chez moi ?
— Certainement.
Dreyfus, tout en me conduisant chez lui, me raconta les ennuis que le *Klephte* lui avait causés. Il avait d'abord présenté sa pièce au Gymnase, à Victor Koning, qui l'avait trouvée mauvaise et la lui avait refusée. Dreyfus avait répondu à Koning qu'il se trompait et que sa pièce était excellente. Ces messieurs s'étaient un peu chamaillés. Finalement, ils étaient tombés d'accord pour soumettre la pièce à un arbitre. L'arbitre choisi avait été M. Henry Meilhac. Mais Meilhac avait donné raison à Koning et déclaré que le *Klephte* était manqué et injouable.
Dreyfus me lut sa pièce, que j'écoutai attentivement. J'en vis tout de suite le mérite et les défauts. Le premier tiers était embourbé ; les deux autres étaient diffus et longs.
Après cette première lecture, nous reprîmes la pièce scè-

ne par scène, phrase par phrase. Le premier tiers, je le répète, était embourbé, J'affirme que mon intervention, pour cette partie au moins, a été réelle et efficace. Je ne sais trop que dire du reste, et si Dreyfus a profité de mes indications.

Pendant les quatre heures que je passai avec Dreyfus, et où il voyait sa pièce se dégager, s'animer entre mes mains, c'était à tout moment de sa part des remerciements et des flatteries que je me garderais bien de répéter.

Deux jours après, Dreyfus m'envoyait les œuvres complètes de Sully Prud'homme, pressé sans doute de liquider ma part de collaboration et de la liquider poétiquement.

De quelque manière que s'y prenne M. Dreyfus, à qui fera-t-il croire que le *Klephte* qu'il m'a lu, le *Klephte* refusé par Koning et condamné par Meilhac, est bien celui que l'on a joué à l'Odéon et repris à la Comédie-Française.

.•.

Mais j'ai autre chose à dire de plus sérieux et de plus curieux.

Voici l'histoire d'une autre pièce de M. Abraham Dreyfus :

La Rounat, le directeur de l'Odéon, enchanté du succès du *Klephte* et des sympathies que Dreyfus avait trouvées dans la presse, lui commanda une grande pièce.

Cette nouvelle, lorque Dreyfus me l'apprit, me causa un plaisir véritable. Remarquez que nous étions des concurrents, que Dreyfus était devenu l'*Espoir du théâtre* et que Sarcey tous les huit jours lui prédisait les plus hautes destinées. Sarcey n'a jamais poussé et patronné que deux auteurs : Dreyfus et Gandillot.

Prenez garde, mon cher Gandillot, prenez garde !

Je ne rencontrai plus Dreyfus sans lui dire amicalement :

« Ne faites donc plus d'articles. Faites votre pièce. Vous avez là une occasion exceptionnelle, ne la manquez pas. »
Il me répondait toujours : « Oh ! j'ai le temps, j'ai bien le temps. »

La vérité est que Dreyfus cherchait sa grande pièce pour l'Odéon et ne la trouvait pas.

Un jour, Dreyfus vint me voir et me dit :

— Est-ce vrai que les *Corbeaux* sont imprimés et qu'on peut se les procurer.

— Non, lui répondis-je, on ne peut pas se les procurer.

— Mais ils ont été vus dans plusieurs mains.

— Ça, c'est possible, la maison Tresse en a tiré quelques exemplaires pour moi.

— Oh ! que vous seriez gentil, reprit Dreyfus, de me laisser lire votre pièce, j'ai une si grande envie de la connaître.

— Très volontiers, lui répondis-je, et je lui remis un exemplaire.

Quelques mois après, on annonça la pièce de Dreyfus à l'Odéon ; elle s'appelait l'*Institution Sainte-Catherine*.

» Ça y est, me dis-je, il a fait sa pièce avec la mienne. »

Lorsqu'on connaît les *Corbeaux* et l'*Institution Sainte-Catherine*, il n'y a pas de doute à avoir.

L'*Institution Sainte-Catherine* entra en répétition ; au bout d'un mois environ, j'appris chez un éditeur où circulaient tous les potins de théâtre que l'Odéon était très ennuyé et que la pièce de Dreyfus ne marchait pas. Huit jours plus tard, chez le même éditeur, quelqu'un me dit : « La piè-
» ce de Dreyfus est par terre ; on n'a pas répété aujourd'hui. »

Le lendemain, Dreyfus arrivait chez moi avec son manuscrit.

Eh bien, je le demande, si M. Dreyfus avait eu à se plaindre de mon amitié, d'un bavardage de ma part, et si ma participation au *Klephte* avait été aussi nulle qu'il le prétend, est-ce qu'il serait venu m'apporter sa nouvelle pièce ?

Et, je le demande encore, y a-t-il beaucoup d'auteurs assez bons ou assez insouciants, comme on voudra, lorsqu'on a fait une pièce avec la leur, pour s'intéresser à cette pièce ?

Mais j'aimais beaucoup Dreyfus et je me rappelais la soupe aux choux.

Je n'ai pas sauvé l'*Institution Sainte-Catherine*. Il aurait fallu trois mois de travail et Dreyfus, qui voulait conserver son tour à tout prix, n'avait que quelques jours. J'affirme pourtant que mon intervention a été des plus utiles. Je crois bien que, sans moi, la pièce ne serait pas allée jusqu'à la fin, et peut-être ne serait-elle pas allée jusqu'au commencement, puisque telle qu'elle était, l'Odéon ne voulait plus la jouer.

Il me reste un petit détail à ajouter, et il a bien son importance.

A la première représentation de l'*Institution Sainte-Catherine*, M. Lavoix, le lecteur du Théâtre-Français, et moi, nous étions placés au même rang de l'orchestre, lui au côté droit et moi au côté gauche. Lavoix connaissait les *Corbeaux*. Etait-ce au second ou au troisième acte, je ne m'en souviens plus ; mais à une scène de la pièce, Lavoix et moi, du même coup, par une impulsion semblable, nous nous penchâmes en nous regardant. Lavoix me fit un geste qui voulait dire : « Mais ce sont les *Corbeaux* ! » et je lui répondis par un autre geste qui voulait dire : « Il me semble bien que ce sont les *Corbeaux*. » Le rideau baissé, Lavoix vint aussitôt me retrouver et me dit :

— Vous avez donc montré votre pièce à Dreyfus ?

— Certainement, lui répondis-je, c'est un de mes amis.

— Ne faites-donc jamais ça, reprit Lavoix, votre pièce ne vous appartient plus, elle appartient au Théâtre-Français et vous ne devez la montrer à personne.

IV

J'en viens maintenant à ce mot d'*éreintement* que je n'aime guère, mais qui est le terme en usage aujourd'hui.

M. Dreyfus m'accuse d'être un éreinteur, et il a donné une liste de neuf écrivains que j'aurais éreintés. Si M. Dreyfus avait quelque importance dans le monde des lettres, ce serait presque une dénonciation.

La liste de M. Dreyfus a deux défauts : elle est d'abord fort incomplète. J'ai éreinté bien des gens qui n'y figurent pas. J'ai éreinté Sarcey, Ohnet et quelques autres, *de la même langue française* ; d'une manière générale, je ne respecte que les artistes. Si je n'avais éreinté que les neuf écrivains que M. Dreyfus a nommés en prenant leur parti, je serais un petit saint auprès d'eux, auprès de Dumas et de Pailleron, par exemple, qui n'ont jamais passé, que je sache, pour des modèles d'équité et de bienveillance.

L'autre défaut de cette liste est d'être inexacte. Elle comprend trois critiques, et l'un est de mes bons amis. Mais, pour un critique porté en trop par M. Dreyfus, que d'autres qui manquent et qu'il aurait pu ajouter ! En bonne justice, il faudrait rechercher si les premiers torts ne sont pas venus de leur côté. C'est une remarque que j'ai faite bien des fois ; je n'ai pas eu de bonheur avec les maîtres de la critique, et surtout avec leurs maîtresses.

Je vois enfin figurer sur cette liste, et elle est bien décidément de la part de M. Dreyfus un petit tour très réussi, deux écrivains nouveaux, auxquels je ne voulais que du bien et qui m'ont arrangé de la belle manière. M. Dreyfus le sait bien: Il doit savoir aussi que j'aime sincèrement les jeunes gens et que j'ai toujours cherché à les aider plutôt qu'à leur nuire.

Mais M. Dreyfus, et c'est là où je veux en venir, est-il donc si sûr de lui ? N'a-t-il ni fiel ni rancune ? Est-ce que vraiment il n'a pris tant de pseudonymes que par amour pour ses contemporains et pour les célébrer plus à son aise ? Si M. Dreyfus croyait que ses pseudonymes ne l'ont jamais trahi, je vais le détromper. Je me trouvais dernièrement avec un de mes plus illustres confrères, et le nom de Dreyfus tomba dans la conversation.

— Je le connais bien, me dit-il, c'est ce monsieur qui nous a tous éreintés sous les pseudonymes les plus variés.

Allons ! allons ! monsieur Dreyfus, vous éreintez aussi. Vous éreintez sans verve et sans éclat, mais vous éreintez. Vous éreintez prudemment, vous éreintez sous le manteau, *vous éreintez dans les cimetières !* Lorsque Belot est mort, vous avez fait ma charge sur sa tombe.

La Bouche du Coche

La Bouche du Coche

J'ai beaucoup connu Henri Lavoix, le lecteur du Théâtre-Français, qui est mort dernièrement. J'étais entré en relations avec lui, je peux dire très exactement la date, le trente novembre mil huit cent soixante-dix-huit.

En ce temps-là, j'allais encore aux premières représentations. J'étais presque toujours de la Commission des auteurs, j'avais mes entrées de droit dans les théâtres et je trouvais tant bien que mal un strapontin. Lavoix, qui faisait dans l'*Illustration* un semblant de critique, était aussi un habitué des premières. Pourquoi ne le dirais-je pas? Nous n'étions très recherchés ni l'un ni l'autre. Lavoix, dans notre monde, passait pour un raseur et moi pour un raté. Il avait peu d'argent, je n'en avais pas du tout. Cette disgrâce devait nous rapprocher et en effet nous devînmes bien vite des amis. Dès que nous nous rencontrions au théâtre, nous convenions de nous attendre à la sortie et de partir ensemble. Je n'exagère pas. De 1878, l'année où j'ai connu Lavoix, à 1882, l'année où les *Corbeaux* ont été représentés, nous nous sommes rejoints ainsi plus de cinq cents fois et promenés jusqu'à une heure du matin. J'ai gardé le souvenir d'un soir d'hiver, d'un temps de neige et de verglas, où nous nous réfugiâmes un instant sous le péristyle du Gymnase. Nous grelottions et nous battions la semelle, en fredonnant mélancoliquement les *Gueux* de Béranger.

Pendant ces quatre années, et bien que ma petite pièce, la *Navette*, eût été jouée avec quelque succès, jamais, pas une fois, Lavoix ne me fit des propositions de service. De mon côté, j'évitais le plus possible de lui parler du Théâtre-Français. Je me doutais bien que sa situation y était nulle et je le blâmais intérieurement d'avoir accepté des fonctions au moins inutiles. On croit généralement que les lecteurs du Théâtre-Français sont là pour ouvrir la porte de la maison ; ils ne sont là que pour la fermer.

J'aimais beaucoup Lavoix. Sa personne d'abord me revenait et les rapports avec lui étaient très agréables. Il avait de la finesse, du goût ; il était aussi un anecdotier incomparable. Il m'a conté bien des historiettes, et elles étaient toujours de premier choix. Peut-être, pour tout dire, y avait-il entre nous une peine commune, un chagrin secret qui nous unissait l'un à l'autre. Lavoix regrettait par moments d'avoir perdu sa vie et j'étais bien près aussi de perdre la mienne.

**

Hélas ! Il était comme tant d'autres, Lavoix, faux et rusé ; il m'a joué deux excellents tours. Je sais bien ce qu'on va me dire, que je ferais mieux de les oublier. Sans doute. Mais quand je lis tout ce qui s'imprime, quand j'écoute tout ce qu'on raconte, quand je vois ces pauvres auteurs dramatiques exposés à des milliers de blagues, il me prend des envies folles d'écrire ce que je sais et de nous défendre contre les vivants et les morts.

C'est Édouard Thierry, je l'ai dit bien des fois, qui a fait entrer les *Corbeaux* à la Comédie-Française. C'est à lui et à lui seul que j'en dois la représentation. Il est le premier, après plus de cinq ans où ma pièce avait traîné partout, qui l'ait prise sous sa protection. Il l'a signalée aux artistes de la Comédie-Française et ceux-ci l'ont imposée à Perrin. Voilà, en peu de mots, la vérité tout entière.

Ma pièce reçue, ma pièce reçue à correction, si l'on veut, j'allai voir Lavoix quelques jours après. Je le trouvai très réservé. Il ne savait rien. Il avait bien entendu parler de quelque chose. Dans les relations où nous étions, je devais, il me semble, lui donner connaissance de mon ouvrage. Je le lui proposai. Il se fit prier pour accepter. Je lui lus toute ma pièce, quatre actes assez volumineux, sans qu'il lui échappât la plus légère appréciation.

Après tant de circonspection et de prudence, le mensonge n'était pas loin ; il devait venir au bon moment. La veille de la représentation, je trouvai dans un grand journal une note fort longue, exacte sur bien des points, qui contenait le passage suivant :

« Las de frapper à tant de portes qui ne s'ouvraient pas,
« l'auteur éconduit se décida à faire imprimer sa pièce
« sans qu'elle eût été représentée. La maison Tresse se
« chargea de l'édition. Un jour où M. Becque corrigeait
« les épreuves des *Corbeaux*, Lavoix entra dans son cabi-
« net de travail et prit connaissance de quelques scènes de
« la comédie. « Eh mais, dit-il, elle est très bien votre
« pièce, mon cher. Pourquoi ne la présentez-vous pas au
« Théâtre - Français ? » A quelque temps de là M.
« Thierry achevait de décider l'auteur à porter sa pièce à
« M. Perrin. »

C'est bien clair. Lavoix, ici et là, un peu partout, s'était vanté d'avoir introduit ma pièce au Théâtre-Français ; Thierry, Perrin et quelques autres, nous savions bien à quoi nous en tenir, mais pour le public Lavoix devenait ainsi l'inventeur des *Corbeaux*, il avait fait acte d'initiative et de dévouement.

_

Je passe maintenant au second tour que m'a joué Lavoix, celui-là est plus grave, plus suggestif.

Lavoix, depuis plus d'un mois déjà, connaissait ma pièce lorsqu'il se décida à m'en parler. Nous revenions du théâtre, il était une heure du matin et nous allions nous quitter ; il prit obligeamment ma main dans les siennes et me dit :

« Ecoutez-moi bien, mon bon ami ; les *Corbeaux* c'est Got ; sans Got pas de *Corbeaux*. »

Cette appréciation, si malveillante et si ridicule qu'elle fût, ne me déplut pas. Je m'étais entendu avec Got pour qu'il jouât ma pièce, je tenais à lui tout particulièrement, Lavoix me donnait raison.

Lavoix ne s'en tint pas là. Toutes les trois semaines environ, à une heure du matin, lorsque nous revenions du théâtre et que nous allions nous quitter, il prenait obligeamment ma main dans les siennes et me disait :

« Vous savez, mon bon ami, les *Corbeaux* c'est Got, sans Got pas de *Corbeaux*. »

Je lui pardonnais sa sotte méchanceté et j'avais pris le parti d'en rire. L'amitié serait bien peu de chose sans les mauvais compliments qu'elle autorise.

Au moment d'entrer en répétition et lorsque je me croyais au bout de mes déboires, Perrin m'en réservait un dernier. Il m'apprit que Got avait été définitivement choisi pour le rôle de Triboulet. Got ne pouvait pas jouer les *Corbeaux* en septembre, et deux mois après le *Roi s'amuse ;* on me donnait Thiron à sa place.

J'étais désolé. Je cherchai autour de moi quelqu'un qui pût venir à mon aide, qui fît comprendre à Perrin que Got m'était indispensable, et je pensai tout naturellement à Lavoix. J'allai le voir.

— Il faut, lui dis-je, que vous me rendiez un service. Vous vous rappelez ce que vous m'avez dit tant de fois ; les *Corbeaux*, c'est Got...

— Oui, eh bien ?
— Eh bien ! Got m'abandonne pour le *Roi s'amuse*.
— Qu'est-ce que vous dit Perrin ?
— Ce que me dit Perrin est bien simple ; il déprécie Got, qu'il ne me donne pas, et surfait Thiron, qu'il me donne.
— C'est bien, reprit Lavoix, je vais aller voir Perrin.

Nous parlâmes d'autres choses et je le quittai. En me reconduisant et arrivé à sa porte, Lavoix prit obligeamment ma main dans les siennes et me dit :

— Voyons, mon bon ami, quand on fait une démarche, il faut la bien faire. C'est Got que vous voulez et c'est Thiron qu'on vous donne.

— Oui.
— C'est bien Thiron qu'on vous donne ?
— Parfaitement.
— Je vais aller voir Perrin.

Lorsque j'allai le soir au Théâtre-Français, le cœur me battait un peu, on le comprend. En entrant chez Perrin, je le trouvai somnolent et recroquevillé près de son feu.

— Restez, lui dis-je, je vais prendre un livre et je vous attendrai.

— C'est ça, me fit-il.

Une demi-heure après, le repos et la chaleur l'avaient remis.

— Ah ! çà, me dit Perrin tout à coup, en reprenant sa drogue de figure, qu'est-ce que vous avez donc avec votre Got ?

Je le regardai sans répondre.
— Lavoix est votre ami ?
— Oui.
— Vous admettez bien qu'il connaît le théâtre ?
— Après.
— Lavoix est venu me voir aujourd'hui. Je lui ai fait

dire que j'étais trop occupé pour le recevoir. Il a passé la tête par la porte de mon cabinet, et il m'a crié : « Vous savez, pour la pièce de Becque, ce n'est pas Got qu'il faut, c'est Thiron. »

Je n'ajouterai qu'un mot. Perrin, en apprenant la gaffe qu'il venait de faire, me supplia de l'oublier. Je continuai à voir Lavoix et il me parlait de temps en temps de la sûreté de son commerce.

*
* *

En racontant ces vieilles et fâcheuses histoires, je ne songe, je le répète, qu'aux auteurs dramatiques. Si Lavoix trahissait si aisément l'un d'eux qui n'était pas un inconnu et qui était son ami, quelle conduite devait-il tenir avec les autres ! Pendant près de quinze ans où il a été en quelque sorte associé à la Comédie-Française, il n'y a pas fait entrer une pièce, pas une, pas un pauvre petit acte. Personne plus que lui pourtant, si l'on en croyait toutes les sottises qui courent, n'était en état de conseiller un auteur et de lui apprendre son métier.

On avait fait à Lavoix une situation particulière, celle de professeur d'art dramatique, et lui, l'homme aimable et léger, qui ne prenait rien au sérieux, la prenait au sérieux. Il n'avait pas la grosse importance de Sarcey qui ne doute de rien ; il avait une suffisance discrète et de petits airs entendus. En réalité, Lavoix parlait du théâtre comme tout le monde ; il n'y apportait ni études réelles ni vues originales ; il était de la force d'un régisseur, pas davantage.

Plus tard, lorsque *les Corbeaux*, défendus par Edouard Thierry, par Henry Bauër et par Ganderax, firent un bout de chemin dans le monde littéraire, Lavoix prit avec moi une attitude empressée. Il mit à ma disposition sa science et son influence. Comme il n'était bon à rien et qu'il passait pour une belle fourchette, je l'avais surnommé *la bouche du coche*.

Sarcey
Critique théâtral

FEUILLETON DU Temps
Du 8 AOUT 1667

CHRONIQUE THÉATRALE

Théâtre de la rue Guénégaud. Reprise de *Phèdre*, tragédie en cinq actes, en vers, de M. Pradon. — Théâtre de la Foire. Une pièce nouvelle de M. Gueulette. — Salle du Palais-Royal. *Tartuffe*, comédie en cinq actes, en vers, de M. de Molier.

Nous avons été conviés cette semaine à une reprise de *Phèdre*, de Pradon. Quand je dis : reprise, le mot n'est pas exact ; *Phèdre*, de Pradon, n'a jamais quitté l'affiche. On la joue en moyenne cinq ou six fois par an et toujours avec de fort belles recettes. Je vous ai parlé bien souvent de cet ouvrage et je n'ai pas à y revenir. C'est une maîtresse pièce, faite de main d'ouvrier. J'ose dire que la *Phèdre* de Pradon traversera les âges et que nos arrière-neveux l'admireront encore quand celle de M. Jean Racine sera oubliée depuis longtemps.

Le succès de la soirée a été pour Mlle de la Martelière qui avait accepté un rôle de peu d'importance. C'était la première fois que Mlle de la Martelière abordait le peplum ; sa distinction innée, sa beauté aristocratique, ses grands airs de duchesse l'ont servie admirablement. Nous avons eu avec elle une Grecque un peu moderne sans doute, mais personne ne s'en est plaint et il n'y a pas à craindre qu'elle ait beaucoup d'imitatrices.

Le théâtre de la Foire nous a donné une pièce nouvelle

de M. Gueulette. Vous en connaissez peut-être déjà le titre ; j'aime mieux, après réflexion, ne pas l'écrire ici. Ce n'est pas que j'attache plus d'importance qu'il ne faut à un mot fort répandu et que nous entendons du matin au soir. Mais, que voulez-vous, ces feuilletons sont lus jusqu'au Kamtchatka ; je sais des institutrices qui les donnent en leçons à leurs élèves ; ces jeunes filles auront bien le temps, après leur mariage, d'apprendre certains vocables qui pourraient aujourd'hui blesser leurs pudibondes oreilles.

M. Gueulette, l'auteur du *Marchand* de ce que vous voudrez, est un jeune magistrat, très instruit et très sérieux, qui se délasse des fatigues de sa charge en écrivant de grosses farces sans prétention. On a dit plaisamment de lui qu'il passait de la robe à la garde-robe. Il a une spécialité, en effet, et n'en sort guère. Assurément, je ne conseillerais pas à tous nos auteurs de l'imiter. La difficulté pour les ouvrages de ce genre est celle-ci : il faut que le public les accepte du premier coup ; s'il hésite, s'il se défend, s'il fait la petite bouche, c'est à recommencer. Gueulette avait trouvé cette fois la salle qu'il lui fallait. On était venu avec le parti pris de s'amuser et cette disposition, secondée par la gaieté de l'ouvrage, a pris des proportions inespérées. Je vous parlerai de la pièce un autre jour, quand je serai retourné la voir. On ne l'a pas entendue. C'est un canevas fort léger, à ce qu'il m'a semblé, dont le principal mérite consiste à mettre en relief le mot dont on attend le retour et qui provoque, en se répétant, une hilarité voisine de l'aliénation. Mon Dieu, que nous avons ri !

Nous avons retrouvé Mlle de la Martelière, qui aurait bien tort de se confiner dans le peplum. Je ne vous dirai pas que Mlle de la Martelière est faite pour jouer les Toinette et les Margot ; ces rôles-là n'exigent pas beaucoup de distinction, et elle est la distinction même. On ne peut guère lui demander de dépouiller cette beauté aristocratique qui ne la quitte jamais Elle a su cependant, dans un rôle nouveau pour elle, et tout en conservant ses grands airs de duchesse, montrer une coquinerie effrontée et gouailleuse que peu de comédiennes pourraient se permettre impunément.

J'arrive à *Tartuffe*. Je ne connais pas de pièce qui ait fait autant parler d'elle avant son apparition. Molière, qui est un malin et qui croyait que le monde entier était intéressé à la représentation de son ouvrage, a mis tout en œuvre pour atteindre ce résultat. Nous verrons tout à l'heure s'il a lieu de s'en féliciter et si *Tartuffe* a gagné ou perdu en se produisant au grand jour.

Lorsque la pièce a été jouée à Versailles, ou plutôt lorsque les trois premiers actes de la pièce, qui n'était pas encore terminée, ont été joués à Versailles, le roi avait eu l'obligeance de me faire dire qu'on trouverait une place pour moi, si je désirais assister à cette représentation. J'ai décliné l'offre qui m'était faite. Ne voyez là, de ma part, ni un amour propre qui serait déplacé dans la circonstance, ni cette inquiétude un peu puérile que des hommes supérieurs éprouvent bien souvent à la pensée de sortir de leur milieu ordinaire. Je n'ai pas l'habitude de la cour et je n'entends rien au parler cérémonieux des personnes du bel air ; mais une fois en passant je m'en serais tiré tout comme un autre. J'ai expliqué, avec toutes les circonlocutions possibles, à l'envoyé du roi, les raisons qui dictaient mon refus et que les lecteurs de ce journal connaissent depuis longtemps. J'estime qu'une pièce de théâtre est faite pour le public, le vrai, celui qui passe au bureau et lâche sa pièce de cent sous ; c'est à ce maître-là qu'il faut plaire et qui juge en dernier ressort.

La toile se lève sur un intérieur bourgeois où la discorde

est à son comble. Toutes les têtes sont échauffées et bouillonnent. Je vais vous dire tout de suite ce qui s'est passé, d'où provient cette effervescence. Orgon, le maître de céans, dont la crédulité est sans limites, a rencontré à l'église un assez piètre personnage du nom de Tartuffe et s'est laissé prendre aux simagrées de cet intrigant. Il l'a depuis peu installé chez lui. Mais Tartuffe, par sa piété affectée et son rigorisme de commande, s'est aliéné la fraction jeune de la maison, pendant qu'Orgon et sa mère, Mme Pernelle, le gobaient de plus en plus. Quand la pièce commence, nous voyons Mme Pernelle partie en guerre contre tous les siens, à propos de Tartuffe, et déverser sur eux un flot de paroles acariâtres. Elle est fort en colère, et comme il arrive en pareil cas, elle ne pèse pas ce qu'elle dit. Enfin, lorsqu'elle est à bout d'invectives, elle sort rageusement, non sans avoir administré un formidable soufflet à sa femme de chambre, qui a suivi cette querelle d'un œil indifférent.

La scène est vive, amusante et menée avec beaucoup d'entrain. J'y ai retrouvé plusieurs observations que j'avais été à même de faire moi-même. J'avais une tante (je vous ai peut-être déjà parlé d'elle) qui était bien la personne la plus irascible que j'aie jamais rencontrée. Quand la colère la possédait, elle avait besoin de battre quelqu'un, et son mari de préférence. Mon oncle ne savait plus où se mettre. C'était en même temps la meilleure des femmes, et elle riait la première de ses emportements. Elle promettait chaque fois à Auguste (mon oncle s'appelait Auguste) de ne pas recommencer et, le lendemain, elle le battait de plus belle.

Nous n'avons pas appris grand'chose dans cette première scène. L'auteur nous a amplement renseignés sur Tartuffe et c'est tout. Des autres personnages, nous ne savons rien. De l'action qui va s'engager, pas un mot. Nous prêtons une oreille attentive aux scènes qui suivent; il y est bien encore question de Tartuffe, mais elles ne nous apportent aucun éclaircissement nouveau. Bah! nous disons-nous, nous en saurons davantage par Tartuffe, qui ne peut pas tarder bien longtemps. Et avec quelle impatience nous l'attendons! Depuis que nous sommes là, on ne nous a parlé que de lui. On nous a, si je puis dire, mis Tartuffe à la bouche. Vous n'allez peut-être pas me croire. L'acte se termine sans que nous ayons vu Tartuffe. Et tenez, je ne veux pas vous le cacher plus longtemps, Tartuffe, dans l'acte suivant, ne paraîtra pas davantage. M. de Molier l'a décidé ainsi.

En vous disant que nous n'avons rien appris et que l'auteur est resté muet sur ses intentions futures, j'ai exagéré à dessein. On trouve, en effet, dans ce premier acte, une indication bien sommaire, une fugitive lueur. A un moment où Tartuffe était sur le tapis, et il n'a guère cessé d'y être, Dorine, la soubrette, s'est écriée :

> Veut-on que là-dessus je m'explique entre nous?
> Je crois que de madame, il est, ma foi, jaloux.

Eh bien? je le demande, est-ce assez de deux vers et qui ne sont pas des meilleurs, de deux vers débités par une simple servante, pour nous montrer le chemin dans une composition qui ne compte pas moins de cinq actes ? Je ne cesserai de le répéter aux jeunes gens : le théâtre est l'art des préparations. Mettez-vous bien dans la tête que moi, spectateur, je ne suis qu'un imbécile, que je ne devine rien, et qu'il faut m'expliquer les choses plusieurs fois de suite pour que je les comprenne et que je sois en état de m'y intéresser.

Le second acte est crevant. J'ai rarement vu au théâtre une déception semblable à celle que nous avons éprouvée. Nous pensions tous que la pièce, qui était encore dans les limbes, allait se dégager et prendre son essor. Rien ! le vide ! le néant ! Ah ! mes enfants ! quel second acte ! Je ne connais rien de plus ennuyeux et de plus inutile que les trois scènes qui le composent. Dans la première, Orgon propose à sa fille Marianne d'épouser Tartuffe : quatre vers auraient suffi. Dans la seconde nous voyons Marianne et Dorine se répandre à perte de vue sur ce projet de mariage qui nous laisse indifférents. La troisième scène enfin n'est qu'une édition nouvelle et fort amoindrie du *Dépit amoureux* du même auteur.

Je vous ai parlé autrefois du *Dépit amoureux*, quand la pièce était dans sa nouveauté. Je viens de relire mon feuilleton, je n'ai pas un mot à y changer. J'avais trouvé le sujet un peu mince pour une comédie en cinq actes ; mais au milieu de bien du fatras, surnageaient quelques jolies scènes et une centaine de vers lestement tournés. Vous vous rappelez la scène de rupture entre Gros-René et Marinette, lorsque, par esprit d'imitation et pour faire comme leurs maîtres, ils se redemandent les lettres d'amour qu'ils ont échangées autrefois. Quand Gros-René était arrivé à ce vers :

Et des tiennes tu sais ce que j'en saurai faire,

un fou rire s'était emparé de toute la salle. J'avais été indulgent pour la pièce, tout en faisant mes réserves et en pronostiquant facilement qu'elle ne ferait pas un sou.

Toute cette scène, empruntée ou imitée du *Dépit amoureux*, nous a visiblement impatientés. Voulez-vous savoir pourquoi ? C'est qu'elle est fondée sur une pointe d'aiguille, sur une subtilité, et qu'il suffirait d'un mot, que les personnages se gardent bien de dire, pour qu'elle n'existât pas, pour qu'elle s'évanouît en fumée. Je sais bien que beaucoup de pièces et des pièces tout entières reposent sur un malentendu; les pièces à quiproquo ne sont pas autre chose; mais un quiproquo bien souvent ne nous intéresse pas en lui-même; il ne vaut que par les développement inattendus qui en découlent; si l'auteur a montré de l'invention, de l'ingéniosité, de la dextérité de main, nous le tenons quitte du reste. Ah! que de choses encore j'aurais à vous dire du quiproquo, après tous les articles que je lui ai consacrés! Mon éditeur me demande tous les jours de condenser mes observations sur la matière; il voudrait les publier en un volume qu'il appellerait un peu ambitieusement le *Traité du quiproquo*. Il croit que ça se vendrait comme se sont vendus mes *Souvenirs*. On trouverait dans le *Traité du quiproquo* la fleur de ma chronique théâtrale depuis trente années, ma pensée de derrière la tête. Si vous voulez connaître mon opinion, je ne crois pas que le *Traité du quiproquo* soit appelé à voir le jour; voila le malheur de s'éparpiller, de se répandre en mille travaux divers, on s'en va sans avoir élevé son monument. Mais laissons ces regrets stériles et revenons à *Tartuffe*.

Nous voici donc arrivés au troisième acte, c'est-à-dire que plus d'un tiers de la pièce est déjà écoulé sans que nous ayons vu le personnage principal, le seul sur lequel nous soyons renseignés et dont nous attendions quelque chose. Enfin! Il nous faut encore passer sur une scène d'explication entre Dorine et Damis et qui n'a d'autre but que de permettre à celui-ci de se cacher dans un cabinet. Elmire a fait prévenir Tartuffe qu'elle avait quelque chose à lui dire. L'entretien va avoir lieu. Damis a résolu d'y assister sans être vu. Le moment fixé par l'auteur est arrivé. Tartuffe nous apparaît. Je reconnais que cette entrée de Tartuffe est saisissante, qu'elle est marquée de traits destinés à en rehausser l'éclat, et que Molière n'a pas manqué son effet. Mais que Molière ne se hâte pas de triompher. Ce théâtre-là n'est pas nouveau; d'autres l'ont pratiqué avant lui; de

tout temps nous avons vu nos auteurs porter leurs efforts
sur le personnage principal de la pièce et lui ménager autant que possible une entrée à sensation ; seulement, ils ne
nous le faisaient pas attendre aussi longtemps.

Voyez un peu ce que c'est que le théâtre, comme le public en définitive est peu exigeant et comme il est facile de
s'en rendre maître. Il nous a suffi de voir Tartuffe, de lui
entendre dire quelques mots, pour reprendre intérêt à la
pièce ; nous oublions les deux actes qui ont précédé et la
fatigue que nous avons ressentie ; nous pardonnons à l'auteur le piétinement sur place où il nous a retenus si longtemps. S'il veut bien maintenant penser aux douze cents
personnes qui l'écoutent et ne pas leur rompre en visière ;
si dans ce qui va suivre nous trouvons une situation qui
nous dédommage du reste, nous ne regretterons pas notre
soirée.

Mais vous ne connaissez pas Molière et ses émules. Ces
messieurs aujourd'hui n'ont qu'une préoccupation en tête :
c'est d'indisposer, de heurter, de blesser, d'irriter le public
auquel ils s'adressent et pour lequel ils travaillent après
tout. Ils ne sont satisfaits qu'après avoir mis sous nos yeux
les tableaux les plus répugnants. S'ils ont à écrire une scène
qui exigerait de l'esprit, de la légèreté, une grande délicatesse de touche, il faut croire que ces qualités leur manquent ou qu'ils dédaignent de s'en servir. Je vous ai dit que
Tartuffe attendait Elmire. A peine celle-ci est-elle entrée,
à peine a-t-elle eu le temps de s'asseoir, et remarquez que
Tartuffe prend bien soin de nous apprendre qu'il se trouve
seul à seul avec Elmire pour la première fois, il se précipite
sur elle, il lui pince la jambe, il lui palpe la poitrine, en un
mot, il se conduit avec une inconvenance telle que la dernière des créatures, une femme qui ferait de ses charmes
métier et marchandise, le jetterait à la porte incontinent.
Ah ! ces jeunes gens ! quel tort ils se font avec leur parti-

pris de brutalité voulue! Ils confondent la force avec la grossièreté. Mais s'il ne s'agissait que d'être grossier, j'en ferais aussi des pièces au lieu d'écrire des feuilletons. Vous pensez peut-être qu'Elmire éprouve un sentiment de révolte? Vous ne connaissez pas les femmes de la nouvelle école. Elmire ne s'émeut de rien. Ça ou autre chose, tout lui est égal à cette personne apathique et indifférente. Elle se défend, bien entendu ; elle repousse Tartuffe, mais si mollement, si mollement! Alors Tartuffe, qui est bien obligé de revenir sur ses pas et qui finit comme il aurait dû commencer, se met à lui faire une étonnante déclaration. Il passe sans transition des attouchements les plus vulgaires à l'idéalisme le plus aigu.

J'ai à présenter sur ce morceau, qui est le point culminant de l'œuvre, une observation que je crois sérieuse, et que je m'étonne de n'avoir pas rencontrée chez mes confrères en critique. Lemaître sera de mon avis.

M. de Molier, dans Tartuffe, a voulu peindre un homme qui parle d'une manière et agit d'une autre, qui fait étalage de vertus qu'il ne pratique pas. Il a pensé que sa démonstration serait plus complète s'il prenait son personnage, je ne dis pas dans le clergé officiant, mais autour de ce clergé, dans le monde de la dévotion, où actions et paroles sont censées marcher ensemble, et où la règle des mœurs doit être plus fidèlement observée parce qu'elle est en quelque sorte obligatoire. Jusqu'ici je n'ai rien à dire. Là où commence l'erreur de Molière, c'est de croire que les personnes pieuses ou qui font semblant de l'être, lorsqu'elles descendent aux faiblesses communes, y apportent un esprit et un langage particulier. Je ne connais pas beaucoup les gens d'église ; leur conduite est-elle bonne ou est-elle mauvaise, je n'en sais absolument rien ; je croirais volontiers que, prise en masse, elle est plutôt bonne. Il m'est arrivé quelquefois de me trouver avec des membres éminents du clergé, et je me serais bien gardé de porter la conversation sur ce point délicat. Mais je crois pouvoir affirmer qu'il n'y a qu'une manière de faire l'amour, et qu'en cette matière les dévots et les laïques se ressemblent terriblement. Lorsque nous sommes atteints du mal délirant (vous savez que l'amour chez les anciens ne faisait qu'un avec la folie), nous oublions notre caractère, le pli professionnel, toutes nos habitudes les plus invétérées, et nous cherchons à obtenir ce que nous désirons par des moyens qui sont les mêmes pour tous, protestations, serments, paroles enflammées, etc. En d'autres termes, l'amour n'a qu'un langage, que celui qui l'emploie soit juif, protestant ou catholique. Cela est si vrai que, lorsqu'il nous échappe, dans le feu de la passion, de dire à une femme : mon ange, ou tu es un ange, ce mot ne vient là qu'au figuré, et nous l'avons dépouillé au préalable de son caractère religieux. Je ne peux donc pas m'associer à l'enthousiasme que j'ai vu partagé par d'autres pour la déclaration quasi-mystique que Tartuffe adresse à Elmire. Je la trouve artificielle ; elle sonne faux ; c'est du plaqué. L'auteur a accumulé à dessein et mis dans la bouche de son personnage un certain nombre d'expressions théologiques, tandis que Tartuffe, dans la situation où il se trouve, devrait s'exprimer comme tout le monde et laisser pour une meilleure occasion tout ce jargon de sacristie.

Je demande pardon à mes lecteurs d'avoir soulevé ce petit problème de psychologie ; je ne suis pas coutumier du fait ; mais la psychologie aujourd'hui, les jeunes gens n'ont que ce mot-là à la bouche ; il faut bien en faire un peu de temps en temps et ça n'est pas plus difficile qu'autre chose.

Vous vous rappelez que Damis est toujours dans le cabinet. Quand Tartuffe et Elmire se sont expliqués suffisamment, il se décide à en sortir. Il déclare à Elmire qu'il a tout entendu et qu'il ne se fera pas faute de tout rapporter à son père. Il a mille fois raison, ce jeune homme. Au même moment paraît Orgon, qui arrive fort à propos. Vous savez qu'avec Molière rien n'est préparé. Les personnages entrent quand on a besoin d'eux; ils se retirent lorsque leur présence n'est plus nécessaire; c'est l'enfance de l'art. Orgon, après avoir entendu l'accusation portée par Damis contre Tartuffe, se retourne vers sa femme et la somme de s'expliquer à son tour. Que pensez-vous que fasse Elmire? En quelques vers fort alambiqués, Elmire reproche à Damis de s'être mêlé de ce qui ne le regardait pas et d'avoir parlé à son mari de choses sans importance qu'une femme doit toujours garder pour elle. Cela dit, elle file à l'anglaise. Déjà, au premier acte, quand Orgon était rentré chez lui après quelques jours d'absence, nous avions vu Elmire se retirer dans ses appartements au lieu d'aller à sa rencontre; c'est une habitude chez elle : quand son mari arrive, elle s'en va.

Molière me permettra bien de lui dire que la conduite d'Elmire n'a pas le sens commun. Qu'une femme qui a été l'objet de propos galants de la part du premier venu ne le raconte pas à son mari, elle a raison : nous sommes tous d'accord sur ce point. Mais Tartuffe n'est pas le premier venu, il s'en faut de beaucoup. Si détachée que soit Elmire, et je renonce à vous expliquer son caractère, je ne le comprendrai jamais, elle tient bien à quelque chose, quand ce ne serait qu'à sa tranquillité. Or Tartuffe a pris un pied dans sa maison; Tartuffe s'est emparé de l'esprit de son mari; Tartuffe est à la veille d'épouser Marianne, et c'est justement pour empêcher ce mariage qu'Elmire a dû se mettre en avant; nous verrons bientôt que Tartuffe est capable de bien d'autres choses. Il y a donc un intérêt, sinon un devoir, pour Elmire, à démasquer l'auteur de tous ces maux passés et futurs. Mais je suis bien bon de vous faire tous ces raisonnements-là. Je me bats contre des moulins à vent. Si Elmire se sauve si vite, en laissant les choses dans une obscurité voulue, c'est qu'une explication, au point où en est la pièce, viendrait trop tôt et la terminerait.

Je ne m'étendrai pas longuement sur le quatrième acte qui n'est que la répétition du troisième. Dans l'un nous avons vu Damis se cacher dans un cabinet; dans l'autre nous voyons Orgon se blottir sous une table ; toute la différence est là. Tartuffe et Elmire se retrouvent, ils reprennent les places qu'ils occupaient précédemment et la conversation recommence. Comme le théâtre a ses lois et que la gradation est une de ces lois; comme Tartuffe, dans sa première rencontre avec Elmire, a été aussi loin que possible, il fait mine cette fois d'en venir aux dernières privautés. Nous sommes au théâtre heureusement et nous savons que les choses s'arrêteront à temps. Voilà donc les deux scènes principales de la pièce manquées l'une et l'autre, manquées par ce parti-pris de violence et d'exagération, manquées par la volonté de l'auteur qui n'aurait eu que bien peu de chose à faire pour les rendre vraisemblables et intéressantes. Ah! ce Molière, que de mal il se donne pour gâter les admirables dons qui lui ont été départis par la nature! « Où as-tu vu, scélérat, que les hommes agissaient comme ton personnage? Dans quel monde se conduit-on aussi brutalement avec une femme qu'on veut mettre à mal? Mais c'est tout le contraire. On la cajole. On l'enguirlande. On cache le but que l'on poursuit sous une montagne de compliments. Si elle est blonde, on fait un éloge immodéré des blondes, et inversement lorsqu'elle est brune, on n'a d'admiration que pour les brunes. En même temps on cherche à piquer sa curiosité. On se répand en paradoxes. On tire un feu d'artifice d'esprit. Quand nous sommes célèbres, notre réputation parle pour nous et fait la moitié de la besogne. Je le demande à tous ceux qui ont un peu l'habitude des femmes, est-ce que les choses ne se passent pas ainsi? Si elles se passaient autrement, comme on nous le montre dans *Tartuffe*, nous retomberions au rang des sauvages, mus par les seuls instincts naturels. »

Cet acte se termine par un revirement qui nous a tous surpris et que l'auteur a compromis par sa faute. Orgon, lorsqu'il sort de dessous la table, ne peut plus conserver aucun doute sur le personnage qu'il a introduit chez lui; le bandeau qu'il avait sur les yeux est tombé brusquement; il montre la porte à Tartuffe et l'invite à déguerpir. Il est évident, nous disions-nous, que Tartuffe va vider les lieux sans demander son reste. C'est ici que le revirement se produit. Il paraît que cette tête faible d'Orgon a fait à Tartuffe une donation de tous ses biens. Qu'est-ce que c'est que cette donation et quelle valeur peut-elle avoir, je serais bien en peine de vous le dire : je ne suis pas un bien grand clerc en matière de chicane et de jurisprudence; j'ai tourné mes facultés d'un autre côté et je n'ai peut-être pas lieu de le regretter. Fort du titre qu'il a entre les mains, Tartuffe, dont la bassesse et la pleutrerie ne se sont pas démenties un instant, jusqu'à nous incommoder, redresse la tête; de plat qu'il était, il devient arrogant : « La maison m'appartient, dit-il à Orgon, si vous l'avez oublié, je vais vous en faire souvenir. » Je ne cite pas les vers, je donne le sens seulement. Et Tartuffe sort fièrement sur cette menace. Molière avait compté sur ce revirement pour relever sa pièce; mais rien ne nous le faisait pressentir; nous ne l'attendions pas; l'auteur ne l'avait pas préparé; et au théâtre un revirement, pour produire tout son effet, doit être préparé, annoncé, prévu depuis longtemps.

Je pourrais me dispenser de vous parler du dernier acte, il est manqué complètement, il n'existe pas. Nous voyons reparaître Mme Pernelle, qui est bien certainement le meilleur rôle de la pièce. Le dialogue qui s'engage avec Orgon, entre la mère et le fils, est assez plaisant, mais à l'heure qu'il est nous voudrions quelque chose de plus substantiel.

Ce n'est pas avec M. Loyal que nous l'aurons. Ce M. Loyal est un huissier fantaisiste envoyé par Tartuffe pour donner suite à la donation. Je n'irai pas par quatre chemins avec cette scène : elle est insupportable et il faut la couper de moitié. Nous nous demandons alors ce que devient Tartuffe. Mon Dieu, nous ne l'avons pas vu dans les deux premiers actes, nous ne le verrions pas dans le cinquième, il n'y aurait rien de bien étonnant. Nous nous demandons aussi comme tout cela va-t-il finir? Le dénouement imaginé par Molière est d'une simplicité rare et dépasse de beaucoup ceux que nous connaissions déjà du même auteur. Tartuffe, en venant s'emparer des biens de sa victime, a jugé utile d'amener la force armée avec lui ; il s'est fait accompagner d'un exempt. Mais cet exempt a des instructions secrètes et tout à fait inattendues. Il a reçu du roi, vous entendez bien, l'ordre d'appréhender Tartuffe et de le fourrer en prison. C'est la première fois, croyons-nous, que la personne du roi intervient pour finir une pièce de théâtre, et ce sera sans doute aussi la dernière.

Je vous ai raconté la comédie de Molière telle que je l'ai vue, telle que vous pourrez aller la voir vous-mêmes, sans tenir compte des discussions passionnées qu'elle soulève autour d'elle. Les amis de l'auteur me disent : Quelle pièce! Quelle audace! C'est la religion qui est portée sur la scène et qui écope tout le temps ! Vous ne voyez pas ça! Vous êtes donc bouché? Soit, je suis bouché, je le veux bien. Mais alors si Molière, comme le prétendent ces messieurs, a voulu atteindre la religion, que signifie ce personnage de Cléante qui n'est là que pour la défendre? Est-ce que Molière n'aurait pas bien su ce qu'il faisait, je serais tenté de le croire par moments. Je veux bien admettre qu'on trouve de-ci de-là dans sa comédie des traits assez forts dirigés contre l'hypocrisie, et je crois l'avoir indiqué suffisamment en vous montrant dans Tartuffe un homme qui parle d'une façon et qui agit d'une autre.

Tartuffe me fournira l'occasion de m'expliquer avec mes lecteurs et de leur faire ma profession de foi. Quand je vais au théâtre, je n'ai plus d'opinion, plus de personnalité, plus de sexe; je ne suis ni homme ni femme; je ne demande à l'auteur que de connaître son métier. Si sa pièce est bien faite, je n'ai besoin des explications de personne; je me crois en état de la comprendre moi-même; si elle est manquée, ses intentions, augmentées de toutes celles qu'on lui prête, n'y changeront rien; il peut bien, si ça lui fait plaisir, attaquer la religion, les saints du paradis et jusqu'au Père éternel, je m'en moque comme d'une guigne.

Tartuffe justifie ce dicton de théâtre d'après lequel une mauvaise pièce est toujours mal interprétée. Molière exagère la crédulité d'Orgon et elle est déjà bien suffisante. On n'est pas bête à ce point-là. Du Croisy a fait de Tartuffe un chantre de paroisse qui dissimule sous des airs bonhomme le cynisme de son caractère et de ses mœurs. Mlle Marsilly, dans Elmire, est agréable à voir quand on aime ce genre de beauté, mais elle a encore beaucoup à faire pour devenir une comédienne. Le théâtre est bien coupable de l'avoir choisie quand il avait sous la main Mlle de la Martelière et que le rôle semblait devoir lui revenir. Mlle de la Martelière, avec sa distinction innée, sa beauté aristocratique, ses grands airs de duchesse dont je vous ai parlé bien souvent, nous aurait donné une Elmire incomparable.

Je demande la permission à mes lecteurs de leur annoncer un volume de moi qui paraîtra chez Barbin la semaine prochaine et qui est intitulé : *Histoire du petit banc au théâtre*. Que ce mot d'histoire ne les épouvante pas. Je n'ai pas voulu écrire un récit suivi, didactique, à la manière de Xénophon. Sous ce titre assez large et qui permet à la fantaisie de déployer ses ailes, je soulève quantité de questions qui ressortent de la morale, de l'esthétique et de la pédagogie. Ce sont mes *Propos de Table* que j'ai recueillis moi-même.

FRANCISQUE SARCEY.

Sarcey à l'Académie

Sarcey a l'Académie

Finissons-en, n'est-ce pas, avec la candidature de Sarcey à l'Académie française ? Il se présente et il ne se présente pas. Ses amis le supplient d'y entrer et il résiste à ses amis. Sarcey met en avant son indépendance, et fait mine de refuser un fauteuil que personne ne lui offre et qu'il n'aurait aucune chance d'obtenir.

Il y a trois ans environ, lorsqu'Emile Augier est mort, Sarcey, qui touchait déjà à la vieillesse et qui n'avait plus de temps à perdre, s'est démasqué tout à coup. Jusque-là, la dissimulation de sa part avait été complète. On le croyait hors la loi académique, et rien, ni dans sa personne, ni dans son français, ni dans ses habitudes de la rue de Douai, ne trahissait chez lui une ambition irréalisable.

Pourquoi Sarcey avait-il trouvé dans la mort d'Augier l'occasion qu'il attendait et pourquoi ce fauteuil lui plaisait-il plus qu'un autre ? Sarcey ne s'est pas expliqué là-dessus. Il se sera dit sans doute qu'Augier et lui étaient deux hommes de théâtre, et qu'il y aurait comme un imposant spectacle littéraire à voir un grand critique succéder à un grand auteur. Ça doit être ça.

Les amis de Sarcey se mirent alors en campagne. On fit des démarches et l'on donna des dîners. Il ne pouvait pas, lui, Sarcey, un homme de cette valeur et de cette importance, un critique magistral, un écrivain de race, s'exposer à un échec que les plus illustres d'entre nous ont affronté ouvertement. La consultation, c'en était une, donna des résultats déplorables. Le parti des ducs, où Sarcey n'a que-

bien peu de relations, lui était nettement hostile. Les normaliens, qui aiment l'ordre, l'élégance et le bel esprit, l'avaient renié depuis longtemps. Sarcey ne pouvait compter que sur quelques auteurs dramatiques, qui ne tenaient pas du tout à l'avoir avec eux, mais qui auraient craint, en lui refusant leurs voix, de se l'aliéner à jamais.

C'est dans ces conditions, après une tentative formelle et formellement repoussée, que Sarcey s'est souvenu qu'il est indépendant, qu'il reste indépendant, qu'il fait profession et métier d'indépendance.

L'Invitée

L'Invitée

En rentrant à Paris après une courte absence, je cherche l'affiche du Vaudeville, et j'y trouve *Flipote* à la place de *l'Invitée*. L'œuvre si charmante de M. de Curel, qui nous avait tous séduits et conquis, vantée par toute la presse, excepté par Sarcey, n'aura eu qu'une trentaine de représentations. Cette fois encore, Sarcey s'est mis en travers de la nouvelle école et lui a tué une de ses meilleures productions.

On sait que la pièce de M. de Curel, avant d'être jouée au Vaudeville, avait été repoussée par Claretie. Je pourrais partir de là et vous montrer un Sarcey inédit, le Sarcey véritable, celui que ses confrères connaissent et que ses lecteurs ne soupçonnent même pas. Mais je préfère attendre une autre occasion que me fournira facilement la Comédie-Française. Je me demande en ce moment si Sarcey a bien le droit de dire d'une pièce qu'elle ne fera pas d'argent, et dans le cas où ce droit lui serait acquis, s'il n'y a pas quelque indignité de sa part à en user.

C'est une vérité évidente et qui a été constatée bien des fois dans ces derniers temps ; le théâtre, à l'heure qu'il est, se débat entre deux écoles. L'une, l'ancienne, qui a été très brillante et très féconde, qui a produit quelques œuvres vraiment admirables ; elle s'est trouvée compromise dans une catastrophe, avec le *Maître de Forges*, et elle ne s'en est pas relevée jusqu'ici. L'autre, l'école d'hier, a bien aussi plusieurs ouvrages de mérite qu'elle pourrait montrer, mais elle débute, elle tâtonne, elle déconcerte par ses procédés nouveaux ou plutôt par l'absence de procédés. Devant ces deux formes d'art, le public fait la moue et reste chez lui. Il ne veut plus de la première et ne veut pas encore de la seconde. Celle-là l'éloigne, celle-ci ne l'attire pas. Je crois bien, en parlant ainsi, être très modéré, très équitable, et d'ailleurs je connais assez les recettes des théâtres pour garantir ce que je dis.

Assurément Sarcey est bien libre de défendre le théâtre qu'il préfère et je ne m'étonne pas du tout qu'il ait pris parti pour l'ancien. Esprit borné et paresseux, incapable d'un effort intellectuel, Sarcey depuis bien longtemps ne vit plus que sur quelques rengaines qu'il reproduit invariablement. Nature vulgaire, irréfléchie et joviale, qu'Ibsen l'embête, comme il le dit, et que Labiche le transporte, c'est tout simple. Scatologue distingué, sans avoir la grande envergure de Zola, il trouve tout naturellement avec le pétomane des jouissances artistiques qui sont à sa portée et qui lui suffisent ; la scatologie fait partie de cette figure littéraire et la complète. Enfin et bien que son passage dans l'Université ait été fort insignifiant, Sarcey se vante très justement d'avoir été professeur. Nous lui avons toujours vu, avec les talents indépendants, cette attitude si réjouissante du cuistre qui croit sérieusement à sa férule et à sa direction.

Nous ne nous plaindrions donc pas, mes amis et moi, de la critique de Sarcey, si elle restait dogmatique et normalienne. Sarcey nous juge, nous le jugeons aussi. Nous serions plutôt en reste avec lui. Nos pièces l'ennuient et le fatiguent ; ses articles nous font mourir de rire. L'homme d'esprit, qui a appelé Sarcey *Un des plaisirs du dimanche*, a trouvé, pour caractériser ce talent si sûr de lui, la véritable formule.

Mais Sarcey ne se contente pas de décrier notre art ; de guoguenarder nos prétentions et nos efforts ; il nous vise encore à la bourse. Dès qu'un de nos ouvrages a la bonne chance de réussir, il se rejette et se rattrape sur sa valeur commerciale : « Cette pièce, s'écrie-t-il, pourra plaire aux lettrés, aux délicats, *à une petite élite dont je crois faire partie*; mais demain, mais dans huit jours, si elle va jusque-là, vous m'en direz des nouvelles. » Le coup est porté et ne manque jamais son effet. Remarquez que Sarcey sait très bien ce qu'il fait là. Lorsqu'il dit d'une pièce que le public n'y viendra pas, c'est lui-même qui presse sur le public et qui le détourne d'y aller.

Cette méthode de Sarcey est d'autant plus perfide qu'avec les pièces qui lui plaisent ou seulement avec les directeurs qui l'ont obligé, il suit naturellement le système contraire. Depuis que Claretie administre la Comédie-Française où il s'occupe surtout des engagements et du sociétariat, Sarcey n'a jamais manqué une occasion de louer Claretie ; il le protège en même temps qu'il est à ses ordres. La complaisance de Sarcey s'est étendue sur toutes les pièces de la maison, excepté sur la *Parisienne*. Je pourrais vous nommer une demi-douzaine d'ouvrages qui avaient échoué assez piteusement et dont Sarcey a dissimulé de son mieux la mauvaise fortune. Il lui est arrivé bien souvent d'écrire des phrases comme celle-ci : « Je suis retourné hier à la Comédie-Française ; la salle était comble, et la pièce, mieux fondue, faisait un plaisir extrême. » Que dirait Sarcey si le lendemain un de ses confrères lui avait répondu : « Vous mentez impudemment. J'étais aussi au Théâtre-Français. Peu, très peu de monde et qui s'ennuyait ferme. »

En finissant, j'ai quelque honte d'avoir soulevé cette question d'argent. L'art n'y est pas absolument engagé. On sait que le *Misanthrope*, *Phèdre* et bien d'autres pièces célèbres ont été jouées de leur temps devant des banquettes. Il y a des chefs-d'œuvre qui font courir la

8.

foule et d'autres chefs-d'œuvre où elle ne viendra jamais. Mais je voulais montrer chez Sarcey la canaillerie dont il fait preuve avec nous. Voilà un homme qui, depuis plus de trente ans, gagne cinquante mille francs par an. Il ne dit que des niaiseries ; il n'écrit que des platitudes ; il parle le français, qu'on me passe cette comparaison, comme mon bras quand je me mouche ; si quelqu'un devrait prendre garde et respecter les intérêts de ses confrères, c'est bien lui. Eh bien ! ce scélérat nous coupe chaque fois nos ressources et trouve une satisfaction basse à nous prendre par la famine ; c'est abominable !

Sous la Coupole

Sous la Coupole

Voilà donc ce pauvre Manuel,

> Front pâle, l'œil éteint, et mordant la poussière,

pendant que Bornier, insultant encore l'ennemi qu'il a terrassé,

> Fait sur son palefroi le tour de la carrière;

Ainsi finit ce duel académique qui nous a si longtemps passionnés. Nous étions revenus, et je n'ai pas cité les deux plus beaux vers de la *Fille de Roland* sans intention, aux Chansons de Gestes, à ces combats singuliers qui duraient cent ans, et dont les champions, quand le jour était venu, se retrouvaient au rendez-vous. « Ils avaient avec eux, dit la « chronique, des femmes qui portaient leurs armes et qui « les excitaient l'un contre l'autre, en poussant des cris « épouvantables. »

Je plains bien sincèrement M. Manuel, ai-je besoin de le dire ? Toutes nos mésaventures ont leur côté attendrissant et qui mérite compassion. Mais vraiment l'Académie est-elle donc si coupable pour avoir repoussé M. Manuel, et en le nommant ne l'aurait-elle pas été bien davantage ?

Je me mets à la place de M. Manuel. Il y a eu un jour dans son existence, une heure délicieuse et troublante, où il a entrevu le fauteuil. Il avait pour lui des amis puissants, ses grades et ses vers ; une position universitaire et une situation poétique, l'une dans l'autre. S'il avait été élu alors, on aurait trouvé bien des nominations pour justifier la sienne.

Malheureusement pour M. Manuel, il a rencontré le plus redoutable des concurrents, un tragique, un pur et farouche tragique, qui avait encore sur le visage du sang des Atrides. L'Académie a conservé pour les Atrides une superstitieuse terreur. Lorsqu'elle entend voltiger sur les lèvres d'un homme les noms d'Agamemnon et de Philoctète, de Clytemnestre et de Jocaste, elle se dit avec effroi : il y a là une candidat sérieux, permanent et inéluctable.

M. Manuel a échoué. Il a échoué une seconde et une troisième fois. Eh bien ? Que devait se dire un homme sage et averti ? Qu'il avait eu d'abord une ambition bien pardonnable, et que cette ambition allait devenir ridicule. A quoi sert d'être professeur et d'enseigner aux enfants le mépris des avantages terrestres, si l'on est resté soi-même un enfant. A quoi sert la poésie, si elle ne tient pas lieu de tout ? Et les années, et la vieillesse, où sur trois pensées, a dit le divin Shakespeare, nous en devons une à la tombe.

L'Académie, en écartant définitivement sans doute un candidat sans intérêt, a pris le bon parti. C'est déjà bien assez pour elle de faire attendre Berthelot et Zola. On voudrait lui voir un plus grand souci de sa renommée. Elle sacrifie trop aux amis et aux subalternes. On voudrait surtout qu'elle abandonnât ces négociations louches qui font entrer chez elle un homme médiocre sur deux candidats et quelquefois deux.

Il faut bien le reconnaître. L'élection de Claretie, *d'un monsieur Clarecie*, comme l'appelle si drôlement un de ses propres collègues, a été de toutes les transactions académiques la plus imprudente et la plus regrettable. Je ne pense pas en ce moment à tant de dettes que Claretie devait contracter avec les auteurs dramatiques dont le concours lui était indispensable, et que la Comédie-Française n'a pas encore fini de payer. Non. C'est l'homme même qui est en cause, sa nullité en quelque sorte proverbiale et qui justifie aujourd'hui toutes les compétitions. On a dit bien souvent que Claretie nommé c'était la porte de l'Académie ouverte à tout le monde ; et en effet, il n'est pas un candidat depuis qui n'ait excusé son impatience ou sa témérité avec ces mots : Claretie en est, je ne vois pas pourquoi je n'en serais pas. Claretie est devenu pour l'Académie le membre qui la compromet et qui la ridiculise, l'exemple qu'on prend pour la battre en brêche, le quolibet qu'on lui jette à la figure.

·

Je suis bien à mon aise avec l'Académie. J'ai critiqué quelquefois ses membres, ses intrigues et ses choix, mais sans m'en prendre jamais à l'institution. Des amis indulgents ont bien voulu me dire que la conduite contraire m'aurait profité davantage. Qu'est-ce que ça fait ! *Molière, mon maître...* Je ne m'explique pas bien, je l'avoue, toutes les sottises qu'on dit de l'Académie et que l'on dit jusque chez elle. Elle n'est pas un salon, comme le prétendent quelques membres qui se sentent un peu déplacés dans ce salon-là. Elle est la représentation intellectuelle de la France, la réunion de toutes les supériorités, en dépit de quelques hommes médiocres qui y pénètrent et de quelques hommes de génie qui n'y ont pas été admis. Et encore sur ce dernier point faut-il être très réservé. Il ne faut pas, par exemple, confondre Houssaye avec Balzac et que l'un revendique sous le couvert de l'autre.

Le malheur de l'Académie est d'être un corps inutile, qui ne confère qu'un titre inutile, et que la vanité seule fait rechercher. On peut reprocher à ses membres une ambition si misérable, tandis que le dernier politicien, qui mettrait le feu à Paris pour devenir conseiller municipal, parle des opinions qu'il représente et des intérêts qu'il défend.

L'Académie a cela encore contre elle qu'on y entre généralement tard, avec des travaux souvent passés de mode et des idées déjà arriérées. Elle prête de ce côté à bien des railleries qui ne sont pas aussi légitimes qu'on le croit. En réalité, elle sait ce qui se passe, elle se renseigne, elle suit le mouvement si elle ne l'approuve pas toujours. Bon gré mal gré, un peu plus tôt ou un peu plus tard, la grande famille des esprits s'y renouvelle et s'y perpétue.

Je parle là de l'Académie en toute franchise et sans qu'on puisse me prêter la plus petite intention. J'ai pensé à elle, on s'en souvient peut-être. J'ai pensé à elle avec la curiosité et le respect d'un écolier. J'avais encore des admirations très vives, la tête montée pour quelques hommes que je désirais approcher. Renan est mort. Taine est mort. Quel est celui que nous perdrons demain. On peut prévoir le moment où les grandes illustrations auront disparu. Si l'Académie n'était plus remplie que de mes connaissances, j'y renoncerais avec plaisir.

C'est Caro le philosophe qui le premier m'a parlé de me présenter. Il avait de nobles amies, des maisons élégantes et spirituelles où l'on voulait bien me recevoir. Nous descendions quelquefois vers minuit ces magnifiques avenues de l'Etoile, dans la sérénité des premiers soirs de printemps. Il me surprenait. Il redevenait tout d'un coup grave et sérieux, pratique même, lorsque j'étais encore enivré de la beauté de la femme. Il me disait que Dumas devrait prendre ma candidature en main et que de son côté il l'appuierait chaleureusement. Toutes ces folies sont loin ; elles ont sombré dans bien des deuils. Mais que l'on est heureux, dans notre sacré monde littéraire, d'avoir fait quelque chose et de ne pas tenir à grand'chose.

Les Manuscrits

Les Manuscrits

Lorsqu'on interroge un auteur dramatique et qu'il vous conte les petites misères de la profession, il ne manque pas de vous dire : « Il y a les manuscrits qu'on nous apporte et qui nous font perdre notre temps. » Je n'ai pas, pour ma part, cette horreur des manuscrits. Ceux que je reçois sont les bienvenus ; je les lis toujours scrupuleusement et par leur bon côté ; mon seul regret serait d'y prendre quelque chose.

Les jeunes gens, cela va sans dire, sont les grands producteurs de manuscrits ; ensuite les bas-bleus ; ensuite les excentriques. Ceux-ci ne manquent pas ; ils viennent de partout, du plus grand monde et du plus petit, aristocrates, politiques, magistrats, inventeurs, sergents-majors et maîtres d'études.

On se doit entièrement aux jeunes gens. Nous avons commencé comme eux et leur cas le plus souvent a été le nôtre. Tous ou presque tous connaissent le théâtre, quoi qu'en disent les critiques, et beaucoup mieux que les critiques. Ce sont les idées qui leur manquent ; des idées simples, précises, mûries, et qu'ils mèneraient jusqu'au bout. Quelques-uns sont précoces ; ils ont la verve et l'emballement. On voudrait, si on le pouvait, leur ouvrir une porte tout de suite. D'autres tâtonnent, pataugent et ne se dégageront que beaucoup plus tard. Que de précautions à prendre pour les avertir sans les décourager !

Les pièces des bas-bleus sont celles que je préfère. On y trouve toujours quelque chose de particulier et d'attachant. Les hommes n'y ont pas le beau rôle ; ils sont *dé-*

masqués. On assiste à des rivalités de femmes qui ont été vues de près et qui sont longuement rapportées. Quoi de plus intéressant en effet ? Le bas-bleu a bien de la peine à se contenir. La note personnelle, presque autobiographique, lui échappe à tout moment. On pourrait, rien qu'en le lisant, établir sa situation, son caractère, *ses épreuves*, et jusqu'à son âge. Mais l'ouvrage est fait à la diable ; le style, celui de la conversation, est d'une familiarité excessive ; c'est du théâtre absolument vécu et où la vie manque.

Les excentriques sont presque toujours des irrités. On leur a fait un passe-droit ou ils ont perdu un procès. Ils ont été trompés par un associé ou par leur homme d'affaires. Ils ont été témoins d'un scandale, et le théâtre a pour mission de dévoiler les scandales. L'amour, toujours l'amour, nous disent-ils, la vie ne se passe pas à aimer et ils le prouvent bien. Ils ont une manière d'écrire en quelque sorte professionnelle ; elle produit des effets comiques qu'ils ne soupçonnent même pas. Il faut s'en tenir avec eux au fait qu'ils nous racontent et nous apprennent, qui a bien des chances pour être vrai ou à peu près, et dont ils n'ont pas tiré parti.

Somme toute, ce théâtre secret, ébauché, mal venu, presque toujours injouable, ne manque ni de mérite ni d'intérêt.

.*.

Qu'est-ce que c'est que quelques manuscrits qu'on nous prie de lire, lorsque nous sommes exposés tous les jours à de bien autres importunités ? Le premier venu nous assiège, s'impose et voudrait disposer de nous. Le théâtre, il faut bien le dire, attire les imbéciles.

Nous avons tous connu *le monsieur qui a du dialogue*. A peine sommes-nous quelque part, il se fait présenter. « Je ne suis pas un confrère, nous dit-il humblement ; je me déclare incapable de mettre un proverbe sur ses pieds. Mais j'ai du dialogue. Donnez-moi donc quelques scènes à écrire, vous garderez le bon et vous laisserez le mauvais. »

Après celui-là vient *l'observateur*. C'est un homme qui, depuis qu'il existe, n'a rien laissé passer. Si vous lui faisiez l'honneur de venir le voir, il vous montrerait haut de ça de notes. *L'observateur* vous entraîne dans un coin et il vous raconte un insipide fait-divers. « Hein, s'écrie-t-il, quelle belle pièce là-dedans ! Pourquoi ne faites-vous ça ? » Lorsqu'on le retrouve six mois après, il ne manque pas de vous dire : « Est-ce que vous avez pensé à la machinette dont je vous avais parlé ? »

Nous avons encore *l'homme du monde*, qui est presque toujours un déclassé. Très aimable, très familier. « Je ne vous propose pas ma collaboration, vous dit-il, vous n'en avez pas besoin. Je me mets simplement à votre service. Quand vous vous trouverez embarrassé pour un détail de monde que vous ne connaissez pas, une question d'étiquette ou de préséance, faites-moi signe. Je vous fournirai tous les renseignements dont vous aurez besoin. »

Et le comédien qui cherche une pièce faite pour lui, sur sa mesure, où il donnerait tout ce qu'il peut donner ? J'en voyais un autrefois et des meilleurs qui n'avait jamais joué de général ; il m'a prié bien souvent de lui faire un général.

Je connais de bons esprits, comme on dit, qui nous conseillent un théâtre utile, et d'autres, des esprits inquiets, qui nous indiquent un théâtre chimérique. Je connais des critiques qui depuis plus de vingt ans nous réclament la comédie du siècle. Voilà ce qu'il leur faut : la comédie du siècle ! C'est bien le cas de dire qu'elle ne se trouve pas sous le pas d'un cheval. On fait ce qu'on peut. On leur en sert un morceau, une tranche ; ils n'aiment pas cette tranche-là. Je sais bien ce qu'ils veulent, avec leur comédie du siècle ; ils veulent une pièce qui servirait leurs opinions et leurs secrets ressentiments. Ils seraient bien étonnés, dans la comédie du siècle, de jouer le rôle ridicule.

Un jour où je dînais chez un personnage politique, je vis arriver un des membres les plus importants du centre gauche. Les présentations faites, il me dit : « Je suis enchanté de vous rencontrer ; si vous voulez bien, nous partirons ensemble. »

La politesse me commandait d'accepter. « Allons, me dis-je, encore un qui a du dialogue. »

Nous nous retirâmes ensemble et, je l'avoue, j'y mis de la désobligeance. Je le laissai venir. Je ne le pressai pas. Je comptais que quelque honte le prendrait au dernier moment. Enfin, après des discours de toute sorte, il me dit brusquement :

« Voyez-vous, monsieur Becque, *avec un talent comme le vôtre*, vous devriez nous faire *une féerie contre le socialisme.* »

C'était la comédie du siècle qu'il me demandait, lui aussi, et il la comprenait de cette manière.

Eh ! mon Dieu, les manuscrits, ceux qui les lisent ne sont pas toujours les plus à plaindre. Bien souvent il leur en reste quelque chose aux doigts. Une situation, une scène, un coup de théâtre. Je ne dis pas qu'ils prennent la pièce tout entière, cela jamais. Ils la refont.

La Fin du Théâtre

La Fin du Théatre

Je viens de lire un article bien remarquable sur *la fin du théâtre*. C'est le millième ou à peu près. L'auteur est un jeune dilettante qui voulait dire quelque chose de nouveau pour ses débuts et qui, on le voit, l'a trouvé du premier coup.

Je connais très bien *la fin du théâtre* et je suis à même d'en parler. Elle ne date pas d'hier. Elle remonte à *Henriette Maréchal*.

Les de Goncourt étaient alors des inconnus qui avaient plus de prétentions que de talent. Ils s'escrimaient de droite et de gauche, tentaient tous les genres et crevaient de rage sur le chef-d'œuvre qui ne vient pas.

On ne saura jamais tout ce que nous souffrons, nous autres gens de lettres, du chef-d'œuvre qui ne vient pas. Les uns, et ce sont peut-être les moins à plaindre, attendent en sommeillant qu'il leur tombe du ciel. Les autres griffonnent, raturent et se torturent du matin au soir, sans le quitter des yeux une minute. Et d'autres encore, les plus intrépides, comme Paul Bourget, le poursuivent dans les cinq parties du monde.

> Est-ce enfin le chef-d'œuvre où j'inscrirai mon nom ?
> Dit Bourget. — Nul ne sait qui lui répondit : non !

Les de Goncourt, qui faisaient de tout un peu, firent aussi une pièce. Elle était bien médiocre et tomba lourdement.

Aussitôt un parti se forma, un parti considérable où entrèrent tous les black-boulés de l'art dramatique. *La fin du théâtre* venait de commencer.

**

Mais ce diable de théâtre a quelque chose pour lui et quelque chose de bien inexplicable. Plus on fait mine de le dédaigner et plus on voudrait y réussir.

Quelques années après, Flaubert, qui n'avait pas été dupe, on le pense bien, de l'échec d'*Henriette Maréchal*, se hasarda à son tour sur les planches.

L'esprit, pour un auteur dramatique, est peut-être la qualité la plus indispensable ; Flaubert en manquait complètement. Il plaisantait sans grâce et déclamait à tout propos. On sait que Flaubert avait plusieurs bêtes noires ; le suffrage universel en était une.

Je crois bien, pour le dire en passant, que tous les modes d'élection se valent ou à peu près. Le suffrage restreint, qui a sans doute ses avantages, se prête plus qu'un autre à l'intrigue et aux compromissions. Assurément, s'il y a une délégation électorale de premier ordre et dont les suffrages sont garantis en quelque sorte, c'est l'Académie. Eh bien ? que voyons-nous à l'Académie et quelle est, peut-on dire, la règle constante de ses choix ? Les hommes exceptionnels, tous ceux, quel qu'ait été leur art, qui en ont eu la maîtrise, les Taine, les Alexandre Dumas, les Leconte de Lisle, n'y sont reçus qu'à contre-cœur et comme une nécessité qu'il faut subir. En même temps la maison reste toujours ouverte aux demi-écrivains, aux demi-poètes, à la médiocrité pleine d'elle-même. Dans la pratique, un Camille Doucet est le maître du vote ; c'est lui, autant que possible, qui écarte les talents significatifs pour introduire les ratés habillés.

Flaubert, tout en fulminant contre le suffrage universel, y avait trouvé une pièce, et quelle pièce ! On la joua, elle fut sifflée et disparut. Mais le parti des blackboulés était là ; il avait grossi dans l'intervalle ; le *Candidat* devint une date nouvelle qui marquait inévitablement *la fin du théâtre*.

⁎

Nous arrivons à *Bouton de rose*.
Je n'ai pas encore compris, je l'avoue, le caprice qui vint aux directeurs du Palais-Royal et pourquoi ces messieurs demandèrent un *Chapeau de paille d'Italie* à l'auteur de *l'Assommoir*. Peut-être avaient-ils été tentés par la grande verve scatologique de Zola, bien qu'il ne nous eût pas donné encore son Jésus-Christ, qui est certainement, avec la Mouquette, le personnage le plus synthétique des *Rougon-Macquart*.
Bouton de rose, on s'en souvient peut-être, fut un désastre. Les blackboulés en firent une manifestation. Cette fois, le doute n'était plus possible ; le théâtre était bien mort, mort, mort. Eh quoi ! un homme comme Zola abandonnait ses travaux pour renouveler le vaudeville, pour régénérer la pochade, et il n'était pas écouté ! L'art dramatique devint une honte, la ressource des faiseurs et des illettrés, quelque chose de bas, de très vilain et d'innommable.

⁎

Le théâtre, pendant ce temps-là allait toujours. Il boulottait, comme on dit. L'originalité y est rare, là comme ailleurs, et les chefs-d'œuvre qui ne viennent jamais sont beaucoup plus fréquents que les autres. Les auteurs dramatiques s'amusaient comme des fous et il y avait bien de quoi. On avait voulu prendre leur place, leur enseigner leur métier et on n'y avait pas réussi. Au moment où le parti des blackboulés battait en retraite, un groupe nouveau vint se joindre à lui ; les psychologues débouchèrent sur la place. La *Fin du théâtre* venait de recommencer.

Les psychologues avaient sur leurs camarades un grand avantage : on ne connaissait rien d'eux ; ils n'avaient pas été joués. Ils s'étaient tenus toujours en dehors de la scène, sans se commettre avec elle et sans prétendre la réformer. Ceux-là méprisaient franchement le théâtre pour sa vulgarité, ses gros effets, ses ficelles et son langage. Avec quelle désinvolture Bourget, qui n'est pas cependant un écrivain impeccable, parlait dans un de ses romans « *de la prose d'auteur dramatique* » !

Mais je ne veux pas, et par bonne confraternité littéraire, en dire plus long des psychologues. Il paraît que ces messieurs se ravisent. Ils y viennent aussi à ce théâtre qu'ils ont tant décrié. La semaine dernière, au Vaudeville, nous avons eu M. Edouard Rod qui n'a réussi qu'à moitié ; mais M. Rod est encore trop jeune pour s'en tenir à cette unique épreuve. Prochainement ce sera le tour de M. Maurice Barrès, si les directeurs se sont rendus au petit signe qu'il leur a fait. M. Barrès a bien du talent. Il a beaucoup de qualités. A-t-il aussi celles du théâtre ? Nous le verrons bien et nous le désirons tous. Je suis beaucoup plus tranquille pour lui, je l'avoue, depuis que je sais qu'il s'est rencontré avec Grenet-Dancourt ; c'est une première garantie.

**

Je plaisante en ce moment le parti de *la fin du théâtre* et j'en ai bien le droit. Je l'ai connu et suivi de très près. J'ai fait quelquefois campagne comme lui, mais jamais avec lui. On y trouvait un peu de tout, excepté des auteurs dramatiques. Il y avait les législateurs qui écrivaient des programmes magnifiques et des ouvrages misérables. Il y avait les poètes que révoltait l'éternel mariage de Théodore avec Ernestine et qui revenaient toujours à la comédie italienne. Il y avait les fumistes aussi qui recommençaient Montépin en se recommandant de Shakespeare. Les malheureux ! Ils justifiaient les directions de théâtre et donnaient raison à Sarcey !

Dans les services de toute sorte qu'Antoine a rendus à l'art dramatique, il en est un qui n'a pas été remarqué jusqu'ici. Antoine nous a débarrassés des charlatans. « Un « théâtre, qu'on nous donne un théâtre, s'écriaient-ils, une « maison qui soit à nous. Mythes et symboles, poèmes « d'au delà, études de mœurs, satire politique, tout y pas- « sera, tout. Nous irons de la fantaisie étincelante des ri- » meurs jusqu'aux déformations si suggestives des clowns. » Eh bien ! ils l'ont eu, leur théâtre ; ils ont trouvé dans la même personne un directeur et un interprète ; ils lui ont apporté deux ou trois ours et on ne les a jamais revus.

Lorsque le Théâtre-Libre, il y a sept ans environ, dans son spectacle d'ouverture, donnait *Monsieur Lamblin*, oui, *Monsieur Lamblin*, un petit acte, pas davantage, toutes les théories et toutes les hâbleries recevaient, ce soir-là, le coup mortel. Après Ancey venait Jullien ; après Jullien venait Wolf ; et après eux Lavedan, Gramont, Brieux, Fèvre, Salandri, Hennique, Porto-Riche, Boniface, de Curel, tous les autres. Le monde théâtral était repeuplé et la vieille scène française, délivrée enfin des crocodiles qui depuis plus de trente ans pleuraient sur elle, retrouvait de véritables auteurs dramatiques. En avant maintenant, mes enfants ! Ne vous plaignez jamais, c'est complètement inutile. Ne vous découragez pas surtout, vous le regretteriez plus tard. Vous êtes dans le champ et il est libre, passez-nous sur le corps.

Les Professeurs au Théâtre

Les Professeurs au Théatre

Je ne sais pas si l'Université formera un jour des auteurs dramatiques ; en attendant, et pour tout ce qui concerne le théâtre, c'est bien à elle qu'il faut s'adresser. Grands et petits travaux ; éditions, publications, compilations ; principes d'esthétique et chroniques courantes, l'Université fournit tout cela et ne fournit guère autre chose. Si le fameux Rollin revenait aujourd'hui, il n'écrirait plus son Traité des études ; il nous donnerait des *Commentaires sur Labiche accompagnés d'un lexique.*

Je ne veux pas dire, bien loin de là, que nos professeurs, lorsqu'ils traitent de matières dramatiques, ne restent pas professeurs. On ne change pas d'habit si facilement. Ils ont de la doctrine et savent les bonnes règles. Ils ont de l'assurance, de la solidité, ce petit sourire un peu sot dont on prend l'habitude avec des écoliers. Ils se trouvent bien neufs aussi dans un monde qui n'est pas le leur et qui les impressionne malgré tout.

Weiss a écrit quelque part : « Je ne passe jamais devant les Variétés sans ressentir le frisson de la vie parisienne. » Pauvre Weiss ! Ce bel et grand esprit était un badaud par moments. Nos professeurs tiennent de leur aîné. Ceux qui sont descendus un jour sur la scène, qui ont examiné les portants et la boîte du souffleur, en gardent un long souvenir. Ils parlent bien souvent des *arcanes* qui leur sont connus. Lorsqu'ils se sont rencontrés avec une comédienne, si mince qu'elle soit, et qu'elle leur a ouvert la porte de sa loge, ils rappellent complaisamment ce menu détail et trouvent des mots qui trahissent leur émotion. *Ils ont pénétré dans le sanctuaire.* C'est le frisson de Weiss qui les prend à leur tour. J'en connais un, et des plus graves, qui s'est risqué une fois à parler des *tutus* de la danse ; il n'est pas encore revenu de son effronterie.

Nos professeurs ont autre chose encore, une sorte de critérium, qui donne bien de la force à tous leurs travaux de critique. Ils connaissent l'*esprit français*. Ils ont observé *les qualités de la race*. On peut dire sans exagération que les qualités de la race leur appartiennent ; ils en ont comme la garde et la responsabilité. Si nous prenons la gaieté par exemple, que voyons-nous ? Depuis bien des années, depuis près d'un demi-siècle, la gaieté, qui est, comme on le sait peut-être, une qualité de race, est confiée entièrement à Sarcey. C'est Sarcey en quelque sorte qui en est le dépositaire. Il l'encourage, il la patronne, et bien souvent aussi il l'alimente lui-même. On peut dire à Sarcey tout ce qu'on voudra, qu'il y a gaieté et gaieté, que la sienne est vraiment trop personnelle, qu'elle va de préférence aux puérilités et aux platitudes, qu'elle descend jusqu'au pétomane : « *Cha ne fait rien,* répond Sarcey dans cette belle langue qui lui est ordinaire, *cha ne fait rien pourvu que che choit de la gaieté.* »

.*.

Je viens de finir un gros volume de critique, *le Théâtre d'hier*, que nous devons tout naturellement à un professeur. M. Parigot, ai-je besoin de le dire, a le critérium ; il possède les secrets et les lois de la scène ; il est innocent et ironique.

L'auteur du *Théâtre d'hier*, il faut lui rendre cette justice, a bien choisi son moment. Ce grand mouvement dramatique qui débute avec la *Dame aux Camélias*, cette belle période, si brillante et si féconde, est arrivée à sa fin.

Elle se présente aujourd'hui devant une génération nouvelle et dont M. Parigot fait partie. Elle se prête sans doute à des considérations inattendues, à un examen presque original, à une revision tout au moins partielle. Elle a perdu ses deux plus solides appuis, les plus nécessaires aux œuvres théâtrales : la séduction des interprètes et la complicité des contemporains. Le texte seul demeure, l'inflexible texte, le texte inéluctable qui immortalise ou disparaît à son tour.

M. Parigot admire tout particulièrement Augier et lui trouve de la ressemblance avec Molière. Il apprécie surtout chez Augier l'équilibre et la mesure, la composition. Si Molière a des qualités particulières et qui sautent aux yeux, ce sont bien celles-là, n'est-ce pas ? On étonnerait beaucoup M. Parigot en lui disant que tout l'art dramatique est justement dans le manque de mesure. Lorsqu'il félicite Augier de la sienne, de sa sagesse et de sa sobriété, il ressemble à un médecin qui constaterait avec joie une maladie mortelle. M. Parigot ne soupçonne pas davantage que plusieurs intrigues pour une même pièce, une quantité de fils, sinon de ficelles, réunis ensemble, c'est pauvreté et non richesse dramatique ; c'est tout bonnement l'observation insuffisante et remplacée par le fait divers. M. Parigot analyse longuement les financiers d'Augier (Roussel, Charrier, Vernouillet), dont l'existence, de leur temps déjà, était bien précaire et qui n'ont plus un souffle de vie. Il commente sans utilité les Maréchal, les d'Estrigaud, les Sainte-Agathe, des ombres évanouies aussitôt et oubliées pour toujours. Pendant que Molière, dans ses compositions à peine dégrossies, nous donne des types énormes et inaltérables, l'inanité des personnages d'Augier s'accuse tous les jours un peu plus. Ils ont beaucoup d'esprit ; ils s'expriment dans un brillant langage ; on ne trouverait pas une scène où ils se soient peints définitivement.

C'est surtout lorsqu'il parle de Dumas que M. Parigot

n'est plus maître de lui. Dans l'œuvre du grand dramaturge, la partie vaine et poncive, la partie Monte-Christo, est celle justement qu'il préfère. *Madame de Terremonde* trouble M. Parigot. *L'Étrangère* le fascine. *La Femme de Claude* le bouleverse. Là où nous ne voyons que des poupées de mélodrame, M. Parigot trouve des *Bacchantes* qui l'ensorcellent et qui lui font peur. Le frisson de Weiss, chez lui, va jusque-là, jusqu'à la peur. En même temps Dumas est resté pour M. Parigot l'*homme du scalpel*. Il écrira des phrases de ce genre : *Ici l'auteur dramatique se double d'un opérateur*. Il constate la logique partout et ne voit nulle part l'artifice. Il admire des aphorismes presque toujours insignifiants et des dénouements presque toujours postiches. On sait que Dumas, pour expliquer ses bien rares insuccès, a fait intervenir Dieu, la Bible, la chimie, le divorce, etc. ; M. Parigot écoute tout, enregistre tout et gobe tout.

Je ne dis que bien juste ce qu'il faut, on le comprend. Lorsque M. Parigot en arrive aux tentatives nouvelles, lorsqu'il passe du théâtre qui finit à celui qui commence, il change de ton aussitôt. Allons donc, les voilà qui défilent tous les clichés que nous connaissons depuis dix ans. Voilà *la tranche de vie*, la tranche de vie *saignante* qui amuse encore M. Parigot. Voilà *le réalisme de parade*. Voilà *le pessimisme naïf et superficiel*. Ne demandez maintenant à M. Parigot ni attention ni émotion. Il ne frissonne plus. Le temps des Bacchantes est passé. Et ce n'est pas tout. M. Parigot se souvient alors des qualités de la race. Il essuie son critérium et le consulte. Il emprunte *la gaieté* à Sarcey et nous donne le coup de grâce avec elle.

Il est clair que M. Parigot ne sait pas ce qui se passe. Il est jeune et il a des cheveux blancs. Il fait de la critique avec de la critique déjà faite. Nous attendions de l'imprévu et du risqué, de la verve, du feu, des coups, un torrent, quoi, un torrent ! nous n'ayons qu'une composition de collège, longue, prétentieuse et inutile.

•*•

Je me suis demandé bien souvent si l'instruction et le savoir étaient des qualités suffisantes pour juger une œuvre d'art et s'il ne fallait pas y ajouter quelque chose qui ne s'apprend pas. La question, lorsqu'il s'agit de productions et d'école nouvelle, me paraît résolue. Depuis que le monde existe, la critique s'est toujours trouvée divisée en deux camps ; d'un côté, les professeurs, j'étends un peu le mot, et de l'autre, les artistes. Les professeurs légifèrent et argumentent ; les artistes palpitent et s'emballent. Depuis que le monde existe, les professeurs, avec leurs principes et leurs dédains, en faisant la petite bouche, se sont régulièrement trompés ; ce que les artistes ont aimé, applaudi, défendu, méritait de l'être ; c'est ce qui a vécu, sinon survécu.

Comment expliquer cette loi littéraire, bien plus certaine que les autres et qui est, je dirais presque, la négation de toutes les autres ? Les artistes ont-ils l'âme libre et généreuse et ce quelque chose qui ne s'apprend pas n'est-il pas une communauté secrète d'impressions, de sentiments et de rêves entre les créateurs et eux ? Trouvons-nous au contraire chez les professeurs une intelligence moins ouverte, un esprit de chicane et de dénigrement ? N'ont-ils pas besoin d'être avertis, guidés, serinés, quitte à se rendre compte et à s'égarer plus tard ? Il semble que le sort des œuvres de théâtre est de passer par trois générations de professeurs, la première qui ne les comprend pas, la seconde qui les comprend mal, et la dernière enfin qui les comprendra autrement.

Leur ·Sacerdoce

Leur Sacerdoce

J'ai peut-être quelque droit de parler de la critique, je ne l'ai jamais sollicitée. Je ne compte pas sur elle ni avec elle.

Cette grande indifférence de ma part, qu'on veuille bien le croire, ne dénote pas un auteur mécontent. Le peu de bonheur de mes ouvrages n'y est pour rien. Lorsque nous étions jeunes, mes amis et moi, artistes éblouis et passionnés, nous rêvions tout naturellement *de faire quelque chose*. La poésie, je dois le dire, était notre première tentation et, sans doute, la plus raisonnable. Après la poésie venait le roman, l'analyse de ce pauvre cœur humain que nous ne connaissions guère. Nous pensions aussi au théâtre, quoique le théâtre, avec ses barrières et ses servitudes, nous effrayât bien un peu. Entre tant de travaux qui nous attiraient presque également, la critique ne tenait aucune place ; nous ne l'estimions pas. Juger les œuvres des autres et ne jamais montrer des siennes nous paraissait le comble de l'effronterie. Si l'un de nous alors, dans un moment de fièvre et d'enthousiasme, en se frappant le front, s'était écrié : je serai un grand critique, comme nous lui aurions ri au nez.

Je veux bien que cette disposition, si excellente chez des jeunes gens, fût excessive. Admettons que la critique, sans être une production de l'esprit bien extraordinaire, compte pour quelque chose et vienne après toutes les autres ; encore faudrait-il qu'elle s'exerçât avec loyauté et équité. Quatre-vingt-dix-neuf fois sur cent ses jugements ne sont pas libres ; c'est l'occasion qui les lui dicte. Si elle se montre indulgente, ce sont des amitiés ou des intérêts qu'elle sert. Si elle se montre injuste, elle satisfait de secrets ressentiments. Irai-je plus loin? Dirai-je tout? Parlerai-je de ces hasards si fréquents et si misérables qui mettent la critique entre les mains d'une guenon? Ah! que je voudrais que Sarcey, qui a remué dans sa vie tant de questions considérables, *les troupes d'ensemble, l'heure du dîner, le pourboire aux ouvreuses*, nous dît quelques mots de celle-ci: *De l'importance de la femme dans la chronique théâtrale.*

***

La grosse erreur de la critique et son insupportable prétention, c'est de croire qu'elle est utile, efficace et salutaire. Elle ne sert à rien du tout. Assurément, elle a de l'effet sur le public immédiat, celui qui croit encore au papier imprimé, et qui attend l'article de journal pour faire le choix de ses spectacles ou de ses lectures. Mais cette pression même n'est que très éphémère; au bout de huit jours, elle n'existe plus. L'opinion véritable, celle qui compte et celle qui reste, elle a de tout temps été faite par les salons et les cafés.

Quant à une action de la critique sur la littérature même et sur les écrivains, on hausse les épaules rien que d'y penser. Nous pouvons bien, par intérêt ou par vanité, nous préoccuper des jugements de la critique; nous pouvons en être glorieux ou affectés; mais de ses principes et de ses leçons, de son esthétique professionnelle, nous ne retenons que tout juste ce qu'il faut pour en rire, disons le mot, pour la blaguer atrocement. Nos progrès et nos acquisitions, quand nous avons le bonheur d'en faire, ne viennent que de nous-mêmes; la critique n'y est pour rien.

Dans le discours que M. Brunetière a prononcé à l'Académie et qui a fait tant de tapage, ce qu'il a dit des journalistes, je l'avoue, n'est pas ce qui m'a le plus ému. Le rôle de la critique, on vient de le voir, est très contestable ; il se réduit à bien peu de chose ; M. Brunetière a essayé de le fixer à sa façon. « C'est la critique, a-t-il dit, qui possède la tradition littéraire et qui est chargée de la conserver. »

Vaine, vaine parole, mon cher Brunetière ! La tradition littéraire se fait sans vous, contre vous, malgré vous. A toutes les époques mémorables où elle se renouvelle et se renoue, lorsque le grand chic serait de la reconnaître, elle vous échappe régulièrement. Vous lui tombez dessus. Pendant que vous vous réclamez de la tradition littéraire et que vous vous présentez pour elle, tous les créateurs l'ont dans le sang. Ce sont eux qui l'apportent ; ce sont eux qui la maintiennent ; ce sont eux qui l'imposent ; vous ne faites que l'enregistrer vingt ans plus tard.

Puisque j'ai parlé de Brunetière et qu'il est venu là comme le critique le plus élevé et le plus irréprochable, il faut que je dise à quel point je suis content de lui. Brunetière vient d'écrire, pour les *Annales du Théâtre*, une préface, mieux que cela, un manifeste qui est de sa part une abjuration véritable, la rétractation solennelle de toutes ses erreurs. « Non ! non ! s'écrie l'éloquent académicien tout nouvellement converti, il n'y a pas de règles ! Les règles n'ont ni légitimité, ni application ! Demanderons-nous à Shakespeare de composer comme Sophocle ? » On ne le croira peut-être pas. Les trois unités elles-mêmes, oui, les trois unités, Brunetière, après un dernier regard jeté sur elles, les a immolées définitivement. L'apostasie est complète.

Il faudrait peut-être, pour être juste, se rappeler tant de pauvres auteurs que Brunetière a exécutés si lestement, à l'aide d'un criterium défectueux et qu'il vient de briser lui-même. Mais c'est autre chose que je veux dire. Voyez un peu jusqu'où va la folie de la critique et son imperturbable assurance. A peine a-t-il condamné et répudié les règles, Brunetière découvre une loi, une loi pour remplacer les règles, oh! bien définitive, celle-là, et qu'il appelle la *Loi* un peu majestueusement. « Non! non! m'écrierai-je à mon tour, il n'y a pas de loi pas plus qu'il n'y a de règles. Il n'y a que des œuvres, des œuvres de toute sorte, des œuvres de tous les genres, des œuvres si différentes qu'aucune généralisation ne leur est applicable et n'est en état de les comprendre toutes; quand vous vous appuyez sur les unes, nous en avons bien d'autres à vous opposer! »

Dans nos rapports avec la critique nous sommes pris, je puis dire, entre deux feux. Si nous nous tenons loin de nos juges, cette attitude les offense et ils nous la feront payer. Dans le cas contraire, dès que nous entrons en composition avec eux, nous devenons des *malins*. Ils rappellent nos visites et publient notre correspondance. Sarcey, que je nommais tout à l'heure, lorsqu'il a pu produire une lettre de Taine, de Sardou ou de Maupassant, n'y a jamais manqué. Nous souffrons également de notre indépendance et de notre servilité.

La critique devient tout à fait réjouissante lorsqu'elle est attaquée à son tour et que nous lui rendons les coups qu'elle nous a portés. Elle n'en revient pas. Est-elle la critique, oui ou non, et ne devons-nous pas tout supporter d'elle, son ignorance, ses injustices, jusqu'à ses perfidies? Quel plaisir pourtant, quel plaisir, avec des gens importants et menaçants, de leur faire un pied de nez! On n'y résiste pas.

Il faut que je signale en finissant une opinion qui n'est

pas seulement la mienne; je l'ai entendue et recueillie un peu partout. La critique ne ferait pas mal de se reposer pendant quelque temps. Qu'elle ralentisse ses ardeurs et ses publications. On en est rassasié, hébété, excédé. Je sais très bien, comme nous le disent ces messieurs, que l'*Investigation* (une investigation dans tous les sens, de haut en bas et de long en large) domine la seconde moitié de ce siècle; elle devient tous les jours plus fatigante et plus mesquine, votre investigation. Nous périssons sous les bouts de papier.

L'Académie, je suis bien obligé de le dire, est pour beaucoup dans ce mouvement ridicule. Elle devrait prendre garde avant de couronner comme elle le fait tous les *Profils littéraires* et toutes les *Recherches psychologiques*. L'Académie est beaucoup plus coupable qu'elle ne le croit. D'abord elle détourne de leur voie naturelle, de l'Université le plus souvent, une quantité de bons esprits, qui ne sont pas bons et qui n'ont pas d'esprit, qui ont lu Sainte-Beuve, Taine, deux ou trois autres, et qui vivent sur leurs épluchures.

Ça ramasse un cheveu de Benjamin Constant!

En second lieu, l'Académie encourage tout un ordre de productions médiocres, prétentieuses, aigrelettes, et qu'on pourrait appeler la *Littérature stérile*.

La Vieille Critique

La Vieille Critique

J'hésite à parler de Sarcey. C'est trop tôt, je le sens bien. Nous sommes tenus pour quelque temps encore de garder notre sérieux. Mais que voulez vous ? Sarcey vient de trouver une réforme, une réforme si imprévue, si réjouissante, et disons le mot, si canaille, qu'il faut bien s'y arrêter.

On connaît les habitudes de Sarcey. Lorsque l'été arrive et que les théâtres ont fermé leurs portes, Sarcey traite des questions. Il fait une campagne. On n'a pas oublié toutes les campagnes entreprises par Sarcey avec ce sérieux dans l'inutile et cette importance dans la niaiserie qui constituent bien certainement la partie la plus solide de son talent, *L'heure du dîner, la fin de l'opérette, l'inconvénient des étoiles*, sont des sujets que Sarcey seul a abordés et qu'il faut joindre à son *Traité du quiproquo*. Cette fois, il s'agit de bien autre chose. C'est toute une révolution que Sarcey voudrait apporter dans notre vie théâtrale.

L'art dramatique, tout le monde est d'accord sur ce point, passe un moment difficile. Sarcey, que ce malaise préoccupe bien sincèrement, en a cherché la raison. Il a interrogé des personnes compétentes ; le contrôleur du Théâtre-Français d'abord, deux régisseurs dont il avait apprécié maintes fois le bon esprit, un chef de claque et une élève du Conservatoire. Bref, Sarcey est arrivé à cette conviction. Si le théâtre est en péril et menace de disparaître, la faute en est à la critique telle qu'elle s'exerce aujourd'hui. Les journaux ont considérablement augmenté ; chaque journal envoie aux premières représentations plusieurs rédacteurs ; ces messieurs sont pour la plupart des blagueurs, Sarcey ne dit pas le mot mais il le pense, sur qui les meilleurs quiproquos n'ont plus de prise ; dans ces conditions, avec ce public de décadence, il est absolument impossible à une pièce de réussir et de se prolonger bien longtemps.

Quand Sarcey a fait une découverte de cette force-là, il n'est pas maître de se taire ; on ne peut plus l'arrêter. Son indépendance est bien connue ; sa résolution dépasse encore son indépendance. Il s'est adressé aux directeurs de théâtre et leur a tenu ce langage : « Ces premières représentations qui étaient autrefois triées sur le volet et auxquelles je dois tout ce que j'ai de distinction, sont devenues misérables ; supprimez-les. Supprimez cette critique, livrée maintenant à des barbares, après avoir été, Dieu le sait, si élevée et si délicate entre mes mains. N'hésitez pas. Supprimez mes nouveaux confrères et flanquez-les à la porte. » Pour un rien et s'il s'était agi de politique, Sarcey aurait repris le mot célèbre : « *Fusillez-moi tous ces gens-là !* »

.*.

Les campagnes de Sarcey, est-il besoin de le dire, n'ont servi à rien du tout. Elles l'ont rendu un peu plus ridicule, si c'est possible. Sarcey a massacré mille fois l'opérette et mille fois il en a prédit la fin. Or, l'opérette, de toutes les formes de nos pièces de théâtre, est celle justement qui a le mieux résisté. Sarcey a adjuré la haute société parisienne, cette *gentry*, comme il dit ironiquement, qui donne le ton, d'avancer l'heure de son dîner ; autrefois on se mettait à table à sept heures ; on s'y met maintenant à huit ; c'est tout ce que Sarcey a obtenu. Quant à ces maudites étoiles auxquelles Sarcey s'est attaqué si souvent, (il est comme le bourgeois de la *Révolte* de Villiers : il n'aime pas les étoiles !) les théâtres qui en sont pourvus font des affaires magnifiques et les théâtres qui en manquent arrivent à la faillite inévitablement.

Il va de soi que la nouvelle réforme proposée par Sarcey aura le même sort que les précédentes. J'ai connu bien des directeurs qui tremblaient devant la presse ; je n'en connais pas un qui oserait la mettre dehors. Est-il bien vrai, d'ailleurs, que la critique d'aujourd'hui, si détestée de Sarcey, soit aussi malfaisante qu'il voudrait nous le faire croire ? Est-ce qu'elle a empêché le succès de *Madame Sans-Gêne ?* Est-ce qu'elle a empêché le succès du *Fils Naturel ?* Et encore, a-t-elle empêché le Théâtre de la Renaissance, qui périssait sous les insupportables reprises de Labiche, de se relever avec des pièces mal faites, pleines de trous, et sans l'ombre d'un quiproquo ?

Si je rappelle ces exemples décisifs et qui sautent aux yeux de tout le monde, c'est que Sarcey s'est bien gardé de les mentionner, avec cette loyauté dont il fait preuve toutes les semaines et qu'il ne manque jamais de constater.

.*.

Je l'ai vue de près, la vieille critique que Sarcey nous vante et dont il est le dernier représentant. Si le mouvement dramatique se trouve momentanément arrêté, c'est elle et elle seule la coupable. Elle a été sans scrupule avec les nouveaux venus. Elle a raillé tous leurs efforts ; elle a méconnu toutes leurs tentatives ; Sarcey, plus brutal encore que les autres, nous a visés jusqu'à la bourse.

Lorsque l'Odéon était administré par La Rounat, tous

les critiques d'alors y avaient leur *petite femme*. On avait charbonné sur les murs cette inscription : « *Au rendez-vous des maîtresses !* » La Rounat, qui n'était plus contrôlé que par la direction des Beaux-Arts, faisait ce qu'il voulait ; il ne faisait rien. On peut se rendre compte, par cet exemple, de l'époque que regrette Sarcey et qu'il continue peut-être encore aujourd'hui, à l'Odéon ou ailleurs.

C'est bien fort tout de même et Sarcey a raison de dire qu'il ne recule devant rien. Ah ! il est le bien venu pour parler de la critique, pour prendre sa défense et ses intérêts ! Personne plus que lui ne l'a compromise et discréditée ; il l'a rendue haïssable avec cette triple bassesse qu'il y a introduite, bassesse d'esprit, bassesse de langage et bassesse de mœurs.

Sarcey est fini, voilà la vérité. Il est usé jusqu'à la corde et démonétisé complètement. Henry Bauër lui a porté le premier coup ; Jules Lemaître l'a achevé. Il ne peut plus, il en convient lui-même, lancer une pièce ou seulement la couvrir. Cette grande autorité, dont il avait plein la bouche, qui faisait l'orgueil de sa vie et la joie de ses feuilletons, est passée. Il le voit, il en souffre, et il demande, lui aussi, des mesures d'exception. Si Sarcey voulait user avec lui-même de ce gros bon sens qu'il a si souvent tourné contre nous, il se retirerait du théâtre au lieu de l'interdire aux autres. Lorsqu'il parle des œuvres modernes ou des œuvres étrangères, sa vieille platine est manifestement insuffisante ; il a beau guoguenarder, multiplier les blagues et les rengaines, il ne s'en tire pas du tout. Un autre que lui, un critique d'honneur, aurait essayé de comprendre ; il se serait appliqué, forcé, renouvelé peut-être ; mais que voulez-vous attendre d'un homme qui ne dispose pas d'une minute, qui trouve magnifique de bêtifier dans vingt journaux à la fois ? On a dit de Sarcey, avec une image assez saisissante : « *Mettez-le sur l'Obélisque, il enverra de la copie.* » A l'heure qu'il est, Paris et les départements ne lui suffisent plus. Il vient d'entreprendre l'exportation. Il fournit jusqu'à l'Amérique du Sud. Il a commencé par l'auvergnat et il finit par le nègre.

Candidats Académiques

Candidats Académiques

Je me suis présenté autrefois à l'Académie et je ne le regrette pas. J'ai fait alors une trentaine de visites qui m'ont laissé un très aimable souvenir. On s'est moqué bien souvent de ces visites qu'un vieil usage impose aux candidats ; de loin, elles paraissent pénibles et humiliantes ; elles constituent au contraire, pour peu qu'on y apporte de la bonne humeur, le passe-temps le plus rare et le plus délicat.

La politesse, il est peut-être bon de le dire, et une politesse méticuleuse, est devenue pour nos académiciens de règle absolue. Les frasques à la Royer-Collard sont tout à fait passées de mode. On sait du reste que Royer-Collard s'est toujours défendu d'avoir brusqué un grand poète qui était en même temps un grand sot. On peut dire que les plus illustres personnages, les hommes les plus en vue par leur valeur personnelle ou leur importance sociale, reçoivent les candidats comme des collègues de demain, ceux-ci ne devraient-ils jamais le devenir. S'il y avait encore aujourd'hui quelque incartade à redouter, elle viendrait de deux ou trois parvenus de lettres, des petites gens.

Le charme tout particulier du voyage académique, lorsque le candidat, je le répète, a conservé quelque empire sur lui-même, c'est justement d'approcher tant d'esprits et tant d'existences si différentes. La lanterne magique, c'en est bien une, ne laisse rien à désirer. L'homme et le décor, les idées et les habitudes, changent tout naturellement chaque fois et fournissent une matière inépuisable de réflexions. Il ne s'agit pas, bien entendu, de faire l'observateur ; de regarder dans les coins et sous les meubles ; de prendre des notes ; cette préoccupation serait d'un goût détestable. Le spectacle, d'ailleurs, s'offre de lui-même ; on en jouit discrètement, dans toute sa variété et tous ses contrastes. En vérité, lorsqu'on revient de ces visites, on ne s'étonne plus qu'un candidat échoue ; on s'étonne qu'il réussisse. C'est le pour et le contre, le blanc et le noir, toutes les hostilités réunies dont il lui faut triompher.

•

L'Académie n'a pas perdu de son prestige, pour les candidats au moins. Ils augmentent tous les jours et les anciens sont débordés par les nouveaux. Lorsque la célèbre Compagnie, longtemps encore après sa fondation, était composée surtout d'hommes de cour et de personnes d'Etat, on raillait cruellement les gens de lettres qui cherchaient à en faire partie. Ils voulaient, disait-on, se frotter aux grands seigneurs et marcher de pair avec eux. L'accusation de snobisme ne date pas d'hier ; nos ancêtres ne pouvaient pas y échapper. Aujourd'hui où l'aristocratie a perdu sa place partout et ne la retrouve guère que devant les tribunaux, l'Académie, il faut bien le reconnaître, n'en est pas moins recherchée. On l'aime pour elle-même, pour le titre et la consécration qu'elle donne. Les vieux républicains, qui ont flétri tant de fois ce dernier refuge de la réaction, sont les plus tentés d'y entrer. Nous les verrons, et plus tôt qu'on ne pense, se disputer les fauteuils entre eux.

Il y a, on le sait, toute une catégorie de candidats qui se trouvent portés à l'avance par la nature de leurs travaux et le choix de leurs relations. Ces privilégiés mis à part, on tombe avec les autres dans la fantaisie et le ridicule. Nous avons le *candidat-casse-cou* qui est préoccupé de prendre date; le *candidat-principe* ; il se doit à lui-même de faire cette manifestation qu'il ne renouvellera pas ; le *candidat-gaga*, celui que personne ne connaît et qui tourne à l'amusette. Nous avons le *candidat-martyr* qui revient de deux ans en deux ans, désespérément. Il ne mange plus ; il ne dort plus; il en est malade, c'est le mot. On l'a vu après un scrutin verser des larmes. Les candidats-martyrs sont célèbres. A l'heure qu'il est, Zola en est la représentation la plus bruyante et Henry Houssaye la représentation la plus douloureuse.

Dans les différentes espèces de candidats, il en est une qui ne fait pas de bruit et que les initiés seuls connaissent : *le candidat qui ne se présente pas.*

Celui-là attend. Il tâte le terrain. Il ne perd pas de vue l'échiquier académique. Il voudrait que des ouvertures lui fussent faites et qu'on lui forçât la main. Ne lui demandez pas d'intriguer; il ne saurait pas intriguer. Il conviendra, si l'on veut, que son bagage n'est pas bien lourd, mais il ne compte pas sur son bagage. C'est l'homme, l'esprit général de l'homme, sa situation et ses manières, qui ne seraient pas de trop au palais Mazarin.

Le candidat qui ne se présente pas est beaucoup plus commun qu'on ne pense. S'il fallait donner des noms je n'aurais que l'embarras du choix. En désignant Bardoux, par exemple, je suis bien sûr de ne pas me tromper. Bardoux, depuis plus de dix ans déjà, ne se présente pas.

Nous avons eu, sous la troisième République, beaucoup de provinciaux d'imagination, d'une imagination un peu arriérée. La politique, les affaires et les passions leur ont à peine suffi. Bardoux, plus ambitieux que les autres, y avait ajouté l'Académie. Obligé d'écrire quelque chose, il a cherché le livre à faire. Il a hésité longtemps entre Mme Récamier et Mme de Beaumont. Il s'est décidé pour Mme de Beaumont, qui était moins connue, plus touchante, et qui devait rendre son historien plus intéressant. Mais Châteaubriand est un peu oublié aujourd'hui. Les formes de l'amour, à l'Académie même, ont bien changé. Bardoux est venu trop tard, lorsque l'influence passait aux femmes de Gyp.

Il faudrait mentionner encore une variété très particulière et qui n'est pas la moins plaisante : *le candidat de Mme Adam.* On sait que cette excellente personne mène de front la diplomatie, l'exotisme, la charité, etc. Le candidat de Mme Adam est à peu près certain d'obtenir une voix au premier tour.

**

C'est la mode et une bien vieille mode d'attaquer l'Académie. Si on regardait de près ses candidats et ses élus, on serait plus juste pour elle. L'Académie de tout temps a marché avec son temps.

Dans un article qu'il a écrit pour l'élection de Loti et où il rappelait le nihilisme de l'exquis romancier, Jules Lemaître a très justement indiqué cette transformation continuelle. L'Académie devient tous les jours plus accommodante et plus moderne, presque *parisienne;* elle n'a plus d'opinions du tout. Les difficultés que rencontre Zola ne signifient rien. C'est autre chose, une affaire de convenances et de répugnances. Si l'Académie avait reçu Maupassant, qui est bien autrement corrompu que Zola, et il ne tenait qu'à lui d'y entrer, elle aurait consacré, pour ainsi dire, une notable partie de la littérature actuelle, l'esprit de destruction et de perversité qui domine dans les œuvres contemporaines.

L'élection de M. Lavisse, celle de M. Sorel, ont également leur côté significatif. Elles sont dues pour une part à l'importance toujours croissante des études historiques, aux nouvelles méthodes employées.

Je viens de parler des républicains. Si les portes de l'Académie leur sont ouvertes aujourd'hui, l'indifférence politique et l'énorme déchet des doctrines monarchiques y sont sans doute pour beaucoup.

Veut-on un autre exemple, un exemple peut-être plus concluant? Voilà plusieurs années déjà que Caro est mort sans que l'Académie ait songé à lui trouver un successeur véritable. On ne peut pas dire que les fauteuils aient manqué. Cet oubli de l'Académie n'est rien moins qu'un signe des temps. Nous sommes témoins tous les jours de l'abandon où est tombée la philosophie chez nous. L'homme de Sorbonne, le vieux métaphysicien, qui fréquentait le Jardin des Plantes et que ma génération saluait chapeau bas, a disparu. S'il existe encore, on ne le connaît pas. Si M. Renouvier, qui passe dans son entourage pour un très noble et très grand esprit, se présentait à l'Académie, Camille Doucet ferait un bond. « Renouvier, penserait-il, un anarchiste! » Lorsqu'on a accusé Caro de compromettre la philosophie en la menant dans le monde, il ne faisait que prolonger son existence. Il promenait et montrait la victime, avant qu'elle disparût.

.*.

« Il faut en être », me disait un jour un académicien que je n'aurais jamais cru y voir. Il avait raison Il faut en être. Les hommes aimeront toujours les titres et les places. La première question, sans doute, est de les mériter. La seconde est de les obtenir. Tout compte fait, les candidats immortels que l'Académie a repoussés ou seulement retardés, sont en bien petit nombre. L'Académie est trop faible, c'est vrai; elle accueille trop souvent des médiocres; mais ils ne sont pas plus déplacés, après tout, que d'autres médiocres; le 41ᵉ fauteuil en est plein.

Que les candidats malheureux le sachent bien; venant d'eux, la plus légère épigramme est de trop. Qu'ils fassent bonne figure et qu'ils cherchent des consolations ailleurs. L'amour, si toutefois leur âge le leur permet encore, en est une, à en juger par ces vers de quelque poète oublié du dix-huitième siècle :

> Je me suis mis sur les rangs
> Pour entrer dans les Quarante;
> Nous sommes dix concurrents,
> Et nous serons bientôt trente.
> Mon échec est assuré;
> Je perds gaiement la partie;
> La plus belle Académie,
>   C'est encor ma mie,
>   O gué !
>   C'est encor ma mie !

Sinécures

Sinécures

On sait que Leconte de Lisle a laissé une place vacante à la bibliothèque du Sénat. Si ce qui a été dit est vrai, cette place serait désormais supprimée.

Ce n'est pas la première fois qu'un emploi de ce genre, disons le mot, une sinécure, disparaît avec le titulaire. A cette même bibliothèque, Anatole France, après des difficultés intérieures, s'est retiré silencieusement et n'a pas été remplacé.

En remontant plus haut, voilà plusieurs années déjà que Weiss, qui était bibliothécaire de Fontainebleau, est mort, sans qu'on lui ait donné jusqu'ici un successeur.

Cet infortuné Weiss, pour le dire en passant, avait eu bien de la peine à obtenir une sorte de retraite et plus de peine encore pour la conserver. Les titres ne lui manquaient pas pourtant, et des titres officiels. Il avait été d'abord dans le haut enseignement, chargé d'une chaire d'éloquence. Il avait été secrétaire général de l'Instruction publique et conseiller d'Etat. Il avait été directeur aux Affaires étrangères. Mais Weiss était en même temps un homme libre et un écrivain de premier ordre. Nos politiciens n'ont jamais été bien chauds pour le style. La République, c'est triste à dire, écrit très mal. Tous les ans, lorsque les rapporteurs du budget, ivres de réformes et d'économies, faisaient leur ronde, ils ne manquaient pas de s'arrêter à Fontainebleau et de demander la suppression d'une sinécure des plus fâcheuses. Ils savaient bien que Weiss était pauvre, malade, à deux doigts de la tombe. Mais que voulez-vous ? Weiss ne mourrait pas assez vite ; on ne pouvait attendre son bon plaisir indéfiniment.

∗∗∗

En ce moment, le bibliothécaire en chef du Sénat est M. Charles Edmond, dont le vrai nom est Choïeski et trahit l'origine étrangère. M. Charles Edmond, si je ne me trompe pas, doit cette situation au prince Napoléon, lorsque celui-ci aimait à s'entourer de polonais et les casait un peu partout. M. Charles Edmond passe pour un homme aimable, agréable, confortable, de bonne tenue et d'éducation parfaite. S'il y a à la bibliothèque du Sénat une place qu'il faut supprimer ou tout au moins reprendre, c'est la sienne.

M. Charles Edmond a aujourd'hui soixante-dix ans passés. Il a une belle aisance, sinon de la fortune. Il occupe au journal le *Temps* une position honorifique et rémunératrice. A un moment où l'on supprime les sinécures, il trouve moyen de les cumuler. Qu'est-ce qu'on attend pour mettre M. Charles Edmond à la retraite et qui y mettra-t-on si ce n'est lui ?

M. Charles Edmond, je le répète, est homme de bonne tenue et d'excellente éducation. Peut-être s'est-il fait un nom dans la littérature de son pays. Qu'on le nomme, si on le veut, commandeur de la Légion d'honneur. Qu'on le nomme tout de suite et de son vivant ; qu'on n'attende pas, comme on a fait pour Leconte de Lisle, que cette distinction lui arrive dans l'autre monde. Mais, pour Dieu, enlevez-lui une bibliothèque, qui est de toutes la plus rétribuée, qu'il a obtenue sans droits et qu'il conserve sans ménagements.

Est-ce que ce n'est pas révoltant ? Je viens de parler de Weiss et je l'ai fait exprès. Voilà un des esprits les plus brillants et les plus complets de notre époque, un prosateur admirable. Il a montré, dans tous les moments de sa vie, cette belle insouciance de l'argent, qui est, je dirais presque, un titre littéraire de plus. Vous lui marchandez un dernier abri, une bouchée de pain ; un peu plus et vous le pousseriez à l'hôpital. Mais dès qu'il s'agit de nullités, c'est autre chose ; vous les dorlotez, vous les mijotez, vous ne pouvez pas vous en séparer. Il n'y a plus ni mesure ni règlements. On dirait que la médiocrité vous enchante et que vous vous sentez de plain-pied avec elle.

,

Lorsque le gouvernement, dans les cérémonies officielles, depuis la Sorbonne jusqu'au Conservatoire, ouvre la bouche, les plus beaux enseignements descendent sur nous. On nous prodigue les conseils et les promesses. Prises en elles-mêmes et le plus souvent rédigées par des commis, toutes ces harangues sont bien ridicules : elles deviennent insupportables lorsque le gouvernement n'a de considération que pour les habiles et les serviles. « Faites votre devoir, « croyez-moi, plutôt que de nous indiquer le nôtre. Sur-« veillez vos faveurs et vos préférences. Contrôlez vos théâ-« tres, ils en ont besoin. Et réduisez vos bureaux ; c'est là « que les sinécures sont abondantes et inutiles. »

Pendant que l'on chipote avec nous et que les plus petites économies prélevées sur la littérature sont une victoire pour le budget, toutes nos administrations regorgent de parasites. Nous plaisantons volontiers les *ancien ministre* et nous avons tort. Les anciens ministres entraînent d'anciens chefs de cabinet, d'anciens sous-chefs de cabinet, d'anciens attachés au cabinet, tout un monde d'anciens quelque chose, auxquels il faut trouver une position un peu convenable et bien souvent la créer pour eux. Aujourd'hui on devient chef de bureau en six mois et directeur au bout de deux ans. Les rapporteurs du budget évitent soigneusement de regarder par là ; ce sont habitudes prises et ressources précieuses lorsque, quelque temps plus tard, ils seront *ancien ministre* à leur tour.

*.

Je crois bien que la bibliothèque du Sénat est dans les attributions du président du Sénat. Ah ! que je voudrais que M. Challemel-Lacour, qui est un de nos rares politiques lettrés, prît la peine de la réorganiser. Il a les deux qualités nécessaires : le tact et la décision. Là, dans ce charmant palais du Luxembourg, au milieu de ce jardin resté célèbre, dans ce quartier de lettres et d'études, qu'il nous conserve un coin paisible et réconfortant. Il me semble que l'égalité devrait y régner : la besogne serait commune et les traitements semblables. M. Challemel pourrait choisir parmi les plus fiers et les plus dignes. Si l'art dramatique l'intéresse encore, il appellerait Jean Jullien ; s'il préfère les poètes, il ferait signe à Mallarmé. Je cite, bien entendu, des noms qui me sont chers, mais avec la certitude que ces choix seraient parfaits et approuvés unanimement du monde littéraire.

Une Fête Littéraire

Une Fête Littéraire

Nous avons eu, l'autre semaine, une fête littéraire. Je n'étonnerai personne en disant que nous la devons à l'Odéon. Dieu merci, l'Odéon a sa légende, une légende de jeunesse et d'audace qui n'est pas près de finir. Depuis 1843, depuis la *Lucrèce* de Ponsard, on ne compte plus les hommes et les œuvres qui sont sortis de cette glorieuse maison. Ah ! les belles batailles ! Ah ! les grands lutteurs ! Je pourrais vous en nommer de ces lutteurs acharnés, qui ont combattu le bon combat pendant quarante ans, pendant cinquante ans, jusqu'à l'extrême vieillesse. On a calculé que l'âge moyen des auteurs joués à l'Odéon pendant ces deux dernières années, sous le triumvirat Marck-Roujon-Sarcey, était de soixante-sept ans, dix mois et vingt-cinq jours. Quelques-uns reçoivent la pension de la Société des auteurs dramatiques, et il faut être octogénaire pour y avoir droit.

Cette fois, il ne s'agissait pas d'un maître nouveau ou d'une œuvre exceptionnelle. La fête se passait en famille. Elle avait un caractère intime et touchant. L'Odéon tout entier s'était transporté chez Foyot pour célébrer la nomination de son directeur dans la Légion d'honneur et lui remettre au dessert, entre la poire et le fromage, une croix en diamants.

Le monde des théâtres, on en a fait la remarque bien souvent, est plein de cœur. Il recherche volontiers ces petites ribotes sentimentales où il y a de quoi rire et de quoi pleurer. Lorsque la Légion d'honneur s'y trouve mêlée, le plaisir, l'émotion, le respect, se lisent dans tous les yeux. Nous autres, gens de lettres, il ne nous viendrait jamais à l'esprit de nous cotiser et d'offrir une croix en diamants à un confrère, l'eût-il cent fois méritée. Cette démonstration est très fréquente aujourd'hui sur les planches; il ne se passe plus une année sans qu'elle se renouvelle. La croix en diamants fait partie maintenant de notre répertoire dramatique; elle est devenue un gros effet, un succès de larmes; elle a remplacé la croix de ma mère.

La fête de l'Odéon se trouvait tout naturellement présidée par l'écrivain le plus hardi de notre époque, un critique d'avant-garde, un esprit un peu aventureux parfois, mais qui, depuis près d'un demi-siècle, a semé à profusion les idées neuves, les aperçus ingénieux, les paradoxes féconds. Si Sarcey a trouvé le moyen d'être original et populaire à la fois, il le doit à la langue dont il se sert, que les gens du Nord peuvent comprendre aussi aisément que ceux du Midi, et qui est composée très habilement des trois ou quatre patois que l'on parle encore en France.

**

On a beaucoup regretté et avec raison que le gouvernement ne fût pas représenté chez Foyot. Si M. Leygues se trouvait retenu en province par les obligations de sa charge, *par le service des statues,* il semble que le directeur des Beaux-Arts était là pour le remplacer. M. Roujon tenait une belle leçon d'histoire théâtrale et il l'a manquée. Nous aurions appris de sa bouche les soirées héroïques de l'Odéon, les services multiples que l'Odéon nous rend, la surveillance incessante exercée par l'administration sur ce théâtre, qui occupe à lui seul, en pourparlers et en paperasses, plusieurs employés des Beaux-Arts. En même temps,

M. Roujon nous aurait instruits de nos devoirs, des vues du gouvernement. Pendant les sept années de sa magistrature, le pauvre M. Carnot a observé avec nous la plus stricte neutralité. On ne citerait pas de lui un mot qui ressemblât à une opinion. Il planait au-dessus des écoles comme au-dessus des partis. Son successeur gardera-t-il la même réserve ? Ne voudra-t-il pas restaurer l'autorité au théâtre comme ailleurs ? M. Roujon nous aurait fait connaître la pensée littéraire du nouveau Président, si toutefois il en a une.

Pendant que l'Odéon s'attendrissait sur la poitrine de son directeur et que le *Père de la Débutante*, c'est Sarcey que l'on désigne ainsi au Conservatoire, y allait de sa causerie familière, je pensais malgré moi au pauvre Antoine et je lui envoyais de loin, à travers l'espace, un petit sourire d'intelligence. Il n'y a pas de croix en diamants qui tienne. Tout le mouvement dramatique de ces dix dernières années, c'est Antoine qui l'a créé. Tous les auteurs dramatiques d'aujourd'hui et de demain, c'est Antoine qui les a mis en vue. Antoine nous a fait connaître les chefs-d'œuvre étrangers. Si Ibsen est célèbre parmi nous, si Dumas a connu cette joie d'aimer et d'admirer son grand confrère norvégien, c'est à Antoine qu'il le doit. Les services d'Antoine ne se sont pas bornés là. Il nous en a rendu un autre et bien inattendu.

> Chimène, qui l'eût cru ?
>   Rodrigue, qui l'eût dit ?

C'est Antoine, c'est le Théâtre-Libre qui fournit aujourd'hui au Théâtre-Français ses plus remarquables tragédies.

J'ai hâte de dire que le gouvernement a largement récompensé Antoine et que celui-ci serait bien mal venu de se plaindre. On lui a donné cinq cents francs.

**

M. Marck est un excellent homme, qui a beaucoup travaillé, beaucoup trimé, et qui mérite plus que bien d'autres la satisfaction qui lui a été accordée. Je ne m'en prends pas à lui. Je m'en prends à l'Odéon, disons le mot, à cette vieille balançoire de l'Odéon, qui ne sert à rien, qui ne produit rien, qu'il est bien temps d'enlever au ministère et de rendre à l'industrie privée. Institution caduque! Théâtre de province! Fabrique de conférenciers et rendez-vous de maîtresses! A l'heure qu'il est, la France, si économe et si regardante sur d'autres points, dépense deux cent mille francs par an pour permettre à un impresario de représenter sur la rive gauche des ouvrages dont on ne veut plus sur rive droite.

Je m'étonne toujours, lorsque le budget des théâtres arrive devant la Chambre, du peu d'intérêt qu'elle y prend. Lorsqu'un député par hasard l'arrête au passage, nous tombons sur un moraliste qui veut supprimer le corps de ballet. C'est l'Odéon qui est coûteux et indécent. C'est l'Odéon, défendu par la routine artistique et la routine administrative, qu'il faut supprimer. Je ne crains pas de le dire. Une Chambre révolutionnaire, qui décréterait la fin de l'Odéon, s'immortaliserait. L'histoire retiendrait les noms de ces courageux députés. Elle dirait d'eux : « Ceux-là étaient des géants! »

Victorien Sardou

Victorien Sardou

Si ce que nous annoncent les courriéristes de théâtre est vrai, et l'on sait que leurs informations ne sont le plus souvent que des communiqués, nous aurons une saison curieuse et exceptionnelle, l'Hiver-Sardou.

Au Vaudeville, est-il besoin de le dire, *Madame Sans-Gêne* va reprendre le cours sans fin de ses représentations. Elle ira à 400, à 500, peut-être davantage. Ce sont les chiffres de *Patrie,* de *Rabagas* et de *Divorçons* que nous revoyons. A la Renaissance, Sarah Bernhardt, avant de passer, elle aussi, à l'exotisme, s'est assuré une œuvre nouvelle de son auteur favori. La direction du Gymnase, pour entrée de jeu, remonte *Nos bons villageois*. On se souvient de la dernière reprise des *Intimes,* du plaisir que fit la pièce et de ses cent cinquante représentations. On peut s'attendre à un résultat semblable avec les *Bons villageois,* supérieurement interprétés et qui n'ont pas été revus depuis vingt ans. Au Châtelet enfin, le Châtelet lui-même est de la partie, *Don Quichotte,* rajeuni et retruqué, avec ballets et musique nouvelle, dédommagera sans doute le théâtre de toutes ses pertes passées.

Est-ce tout? Oui et non. Pourquoi le Théâtre-Français, entraîné à son tour par l'exemple général, ne reviendrait-il pas à *Thermidor ?* La pièce, en outre de son mérite et du succès qu'elle a obtenu, reparaîtrait au bon moment. Elle aurait un petit air de circonstance. Ce serait une victoire nouvelle pour la réaction, pour nos thermidoriens de poche, et l'occasion de pousser en plein théâtre le dernier cri : « Vive notre bien-aimé Casimir ! »

**

Cette grande vogue qui revient de tous côtés à Sardou, je dirais presque, cette seconde réputation qui lui arrive, lorsque nous avons tant de peine à conserver et à maintenir la première, m'émeut bien sincèrement pour lui. Elle me ravit d'une part, et de l'autre me donne entièrement raison. J'ai toujours pensé que Sardou était le véritable auteur dramatique de l'époque, celui que l'on jouerait le plus longtemps et qui se présentera debout à la postérité.

Les hommes de théâtre, qui savent que l'art dramatique est un ensemble de qualités rares et bien rarement réunies, les retrouvent toutes chez Sardou et en sont émerveillés. Il a l'imagination, l'observation, la conduite des caractères; il a l'action et l'intérêt, les grands coups; il a la tirade et le dialogue, la couleur et l'harmonie générales. Et il a autre chose encore, cette belle santé de l'esprit que nous admirons chez les classiques et que de notre temps Augier possédait aussi.

Dans une période dramatique de trente années, très brillante et très féconde, Sardou a été de tous ses confrères le plus brillant et le plus fécond. Il a composé pièces sur pièces; il a créé une centaine de personnages, depuis le type jusqu'à la silhouette et la caricature; il a fixé des *milieux* pittoresques et de tous il a extrait un drame qui peut se concilier avec la réalité et la vraisemblance. Il a connu les mœurs qui finissent et les mœurs qui commencent; il a fait le tour de deux sociétés.

La comédie contemporaine ne lui a pas suffi. Il a voulu un cadre plus vaste et de plus hautes fictions. Il a trouvé dans le passé et les reconstitutions historiques des œuvres ardentes, pleines de force et de passion. Là il est seul; il se sépare de son temps et de l'art à la mode; il donne la main aux Tragiques.

Je parle en ce moment de Sardou avec l'admiration et le sérieux qui lui sont dus. Je pourrais, si je voulais, me servir de lui et plaisanter une fois de plus la vieille critique. Il vous faut le métier d'abord ? Et qui donc connaît le métier mieux que lui ? Vous exigez la scène à faire ? Qui mieux que lui en a compris l'importance et l'a traitée plus magistralement ? Il ne la rate jamais. Si le théâtre enfin, comme vous le prétendez, n'est qu'un art d'agrément, indiquez-moi un théâtre plus amusant et plus spirituel, plus émouvant et plus pathétique.

.*.

On a fait bien des portraits de Sardou ; on n'a pas dit ce qu'il fallait et le principal. J'ai peut-être plus de droit qu'un autre de parler de mon illustre confrère que je connais depuis vingt-six ans. Voilà vingt-six ans qu'un matin, rue Laffitte, où Sardou habitait alors, j'allai lui porter anxieusement l'*Enfant prodigue*. J'ai raconté cette histoire ailleurs. C'est Sardou qui a fait jouer ma première pièce. Non, non, ce n'est pas Sarcey, comme le croient encore bien des gens et comme celui-ci s'en est vanté tant de fois. Sarcey, au contraire, avait trouvé mon ouvrage détestable, sans s'être donné la peine de le lire jusqu'au bout.

Sardou est le plus parfait modèle de grand homme qu'on puisse rencontrer. Toujours simple et naturel, l'esprit libre, ouvert et généreux. Il ne se gobe pas, celui-là, du matin au soir. Il s'est préservé du pontificat qui ne trompe que les subalternes. Il jouit pacifiquement de sa situation ; il ne passe pas son temps à la rappeler et à la défendre. Le talent et la réputation des autres auteurs dramatiques ne lui donnent pas la rage. Dans les conflits inévitables, il s'est toujours refusé les vilaines satisfactions. Il a rendu des services plus que personne et ne les a jamais publiés. Je ne dis pas tout. Je laisse de côté le chef de famille, si digne et si tendre au milieu des siens. Je m'en tiens au personnage public, qui vit humainement avec ses semblables, qui ne vit pas contre eux.

Et moi, auteur fourbu, mécontent, besoigneux, que toutes vos vilenies ont dégoûté du théâtre, qui ai trouvé à l'Académie même des confrères assez mesquins pour priver spécialement les *Corbeaux* du prix du Théâtre-Français, je suis heureux de rendre hommage ici à l'ami toujours indulgent et dévoué, à l'homme sans haine et sans détours, qui n'a qu'un visage, au grand créateur de la seconde moitié de ce siècle.

Ma Candidature

Ma Candidature

J'ai à remercier plusieurs journaux, les *Débats* et la *Lanterne*, la *Libre Parole* et le *Charivari*, qui ont annoncé ma candidature avec des termes beaucoup trop bienveillants. Je ne veux pas dire qu'ils l'aient approuvée. Cette prétention d'un auteur dramatique à faire partie de la Chambre a paru extraordinaire. Les lettrés m'ont dit : N'allez pas là, et les politiciens : On n'entre pas.

**

J'aime beaucoup les lettrés. Je tiens très fort à leur estime, sans que je leur ressemble complètement. Je n'ai pas d'abord cette grande culture qui embellit toute une vie et qui peut la remplir, à quelques satisfactions près. Je me moque de bien des gens et de bien des choses, mais je ne ris pas de tout. Je crois que la politique, et c'est d'elle qu'il s'agit en ce moment, vaut bien la peine qu'on s'en mêle, que le devoir même est quelquefois de s'y engager. Ce sentiment, chez moi, ne date pas d'hier ; tous mes amis me le connaissent depuis longtemps et nous en avons ri ensemble bien souvent. Entre une œuvre personnelle, secondaire et sans intérêt, et la part que je pourrais prendre à une œuvre collective, utile et féconde, je n'hésite pas, c'est l'œuvre collective que je choisis et à laquelle je préfère travailler.

Si mes ouvrages étaient plus répandus, ou si la critique les avait regardés de plus près, elle aurait pu y constater des préoccupations de réforme et de justice sociale qui ont été jusqu'ici étrangères à notre théâtre. Lorsque j'ai écrit *Michel Pauper*, j'ai rassemblé autour d'une intrigue romanesque tout ce que le socialisme d'alors comportait de revendications. Plus tard, dans les *Corbeaux*, en montrant une famille dépouillée par des hommes d'affaires, j'ai appelé l'attention sur un malheur très fréquent, très général, et sur de véritables crimes commis juridiquement. J'aurais sans doute produit d'autres ouvrages du même genre, si les gouvernements, les directions de théâtre, la critique et le public n'étaient pas tous d'accord pour maintenir la scène française dans la frivolité et la gaudriole. Je sais bien ce qu'on va me dire : et *la Parisienne ?* Eh, mon Dieu, la *Parisienne*, c'est une fantaisie qu'il est très agréable d'avoir faite pour montrer aux gens d'esprit qu'on n'est pas plus bête qu'eux.

⁂

J'ai retrouvé chez les politiciens une prétention bien amusante et que je leur connaissais depuis longtemps. Il semblerait, à les entendre, que la vie publique a été faite pour eux, que le gouvernement est leur patrimoine, que les circonscriptions électorales, il faut bien dire le mot, leur appartiennent, et qu'il y aurait comme un sacrilège véritable à les leur disputer.

Je me garderais bien en ce moment d'écrire quelque chose qui ressemblât à une profession de foi ; je ne vois que le côté comique et il l'est aujourd'hui plus que jamais.

On demande la dissolution. On demande que les députés actuels s'en aillent bien vite et qu'il n'en revienne pas un. Nous en sommes là. Nous avons sans doute un millier de candidats, tout neufs et tout prêts, de toutes les conditions et de tous les états. Et vous ne voulez pas d'un auteur dramatique; je ne parle pas d'une collaboration, ce serait trop ; d'un pauvre petit auteur dramatique!

Eh quoi? Parce que j'ai fait quelques ouvrages de théâtre, je ne pourrai plus faire autre chose? J'ai perdu le droit de servir mon pays, de travailler à sa prospérité et à son repos? N'ai-je pas des intérêts professionnels et les Lettres seules, l'Art, tous les arts, ne seront-ils jamais représentés? Suis-je satisfait? L'édifice social (vous le voyez, je parle déjà comme vous), ne demande-t-il pas quelques améliorations? Suis-je sans pitié enfin et le spectacle de la misère n'a-t-il pas de quoi m'émouvoir? Martyrs et victimes, souffre-douleurs, petits budgets et bourses vides, malheureux qui peinez toute votre vie pour nouer les deux bouts, j'ai connu aussi la grande blessure d'argent!

Est-il si difficile de voter? Qui m'empêchera d'interrompre? Et s'il y a un rapport à écrire, est-ce que mes collègues ne me comprendront pas? Moi aussi, je renverserai les ministères; c'est une habitude à prendre. Faut-il que je touche un chèque pour prouver ma capacité législative?

Depuis qu'il représente la deuxième section du cinquième arrondissement, M. Emile Trélat, architecte distingué, a pris la parole une fois et il a dit « *que l'architecture ne devait pas être soupçonnée* ». Toute la Chambre lui a pouffé de rire au nez. Si c'est là un homme politique et si c'est tout ce qu'on lui demande, je me fais fort d'amuser une Assemblée.

Les Jeunes Gens

Les Jeunes Gens

On se plaint de la jeunesse. On la trouve triste, désillusionnée, indifférente, et on a raison. Elle est peut-être bien à plaindre aussi.

Les jeunes gens, pour posséder toutes les qualités qui leur sont ordinaires, qui sont de leur âge, ont besoin de vivre à des époques favorables ; le temps actuel est bien certainement l'un des plus mauvais qu'ils aient traversés.

Le premier mal dont souffre la jeunesse lui vient de la patrie. On dira tout ce qu'on voudra de la France ; que depuis vingt ans elle est admirable ; qu'elle a fait preuve de sagesse, de richesse et de vitalité. La considération et les grandes alliances lui sont revenues. Elle n'en reste pas moins sur le qui vive, avec le souvenir de ses défaites et l'alarme d'un nouveau et terrible conflit.

Il est entendu, je le sais, que l'idée de patrie est bien peu philosophique et qu'elle a disparu ou à peu près. Mais la patrie, qu'on le veuille ou non, subsiste toujours. Elle est la grande maison où il faut vivre, où nous sommes établis avec les nôtres, où sont nos intérêts et nos émotions. Si la maison est menacée à chaque minute, si on ne peut plus y parler haut et lever la tête, il y a pour toutes les personnes qui l'habitent, et surtout pour les plus jeunes, oppression, embarras et malaise.

Il y a les charges aussi et elles sont devenues bien lourdes, bien irritantes. L'école de peloton, quelque éloge qu'on en puisse faire, restera toujours la plus pénible des servitudes.

De ce côté, on le voit, la jeunesse a bien quelque droit de se plaindre et elle ne peut que maudire l'héritage qu'elle a trouvé dans son berceau.

*.

Je ne veux pas, en ce moment du moins, mal parler de la République. Depuis bientôt trois mois, pendant toute la période électorale, les littérateurs se sont jetés sur les politiciens. Ils ont fait preuve de bien peu d'esprit et d'un bien petit esprit. La République a de quoi répondre. Elle s'est établie et maintenue, et ce n'était pas peu de chose. Elle a fondé la liberté qui est indispensable aux grands travaux de l'intelligence, si elle autorise en même temps les plus misérables. La liberté et la santé se ressemblent ; on n'en connaît bien le prix que lorsqu'elles vous manquent. La République a réorganisé l'armée ; un autre gouvernement l'aurait sans doute fait, mais c'est elle qui l'a fait. Enfin elle a montré pour l'instruction publique le dévouement et le souci d'une nation vraiment démocratique.

Par malheur, tout le bon et énorme travail de ces vingt dernières années s'est accompli en quelque sorte silencieusement, par la force collective des assemblées plutôt que par l'intervention de personnalités exceptionnelles. Les jeunes gens auraient préféré le contraire ; ils ont besoin de se chauffer aux hommes aussi bien qu'aux idées ; les hommes leur ont fait défaut.

En même temps une suspicion et une mésestime générales déconsidéraient les personnages publics, et cette abominable affaire du Panama a montré qu'elles n'étaient que trop justifiées. On a pu voir la vénalité là où elle est le plus coupable, dans le Gouvernement et dans les Chambres. Les jeunes gens se sont félicités d'avoir abandonné la politique et ils se détachent chaque jour davantage des formes de gouvernement.

•

Ainsi la patrie et la politique, ces grandes sources d'émotion, de fierté et d'enthousiasme, manquent à la jeunesse ; a-t-elle trouvé ailleurs, dans la littérature qui s'offre à elle, qui la séduit et la conduit, son *sursum corda* ?

Dieu me garde de déprécier l'art moderne. Je l'admirerai, si l'on veut, dans ses excès même et dans ses plus folles prétentions. J'irai jusqu'à l'arbre généalogique des Rougon-Macquart. Cette production toujours active et qui se renouvelle à chaque quart de siècle, est bien certainement une de nos vertus nationales ; elle nous procure, quoi qu'on en dise, une satisfaction patriotique, et celle-là les impuissants seuls font mine de la dédaigner. Mais je ne m'occupe pas des œuvres en ce moment ; je n'examine pas leur mérite ; je cherche l'action qu'elles pouvaient avoir et si la jeunesse s'en est bien trouvée.

Le naturalisme, il faut bien le dire, a mis de grands mots en avant pour s'excuser et se protéger : psychologie, physiologie, l'observation scientifique substituée aux analyses morales, à la peinture d'agrément. En bon français, il a aimé l'ordure, toute l'ordure ; celle des hommes, celle des actes et celle des mots. Une littérature cynique, quelque talent qu'elle contienne, est toujours bien déplorable ; elle devient pour les jeunes gens une sorte d'expérience et la plus perfide de toutes. Elle les comprime et les ravale ; elle détruit chez eux la part du rêve ; elle ne leur laisse plus que des impressions et des plaisirs de désespérés.

Dans un article récent intitulé : *Le Mal littéraire*, M. Jules Lemaître a recherché, comme je le fais en ce moment, les troubles de la jeunesse actuelle et il les attribue à son impuissance d'admirer. Cet esprit de dénigrement que signale M. Lemaître existe en effet ; il sert de consolation à toute une coterie de suffisants et de stériles ; on ne peut pas dire pourtant qu'il soit général. La jeunesse a adoré, le mot n'est pas trop fort, Renan et Taine. C'est elle qui a retrouvé et exalté Goncourt jusqu'à le surfaire ridiculement. Elle est pleine d'égards pour Leconte de Lisle et pour Sully-Prudhomme ; en ce moment elle donne un tombeau à Baudelaire, à leur rival si longtemps méconnu. Si elle discute encore Zola et si elle fait ses réserves, ce ne sont plus que des réserves. Elle s'est montrée plus que généreuse pour Bourget et elle regrette un peu le crédit qu'elle lui a fait. Elle s'est toquée de Vogüé qui devait être son orateur et son guide. Enfin elle a de grands directeurs, Gréard, Lavisse, Boutmy, qu'elle aime et qu'elle respecte profondément. Mais là encore, dans les lettres comme dans la politique, les hommes manquent, les génies bienfaisants et les réputations souveraines comme l'ont été Hugo et Lamartine, comme l'a été Michelet, un autre poète à sa manière, à un moment où la France tenait entre ses bras la Lyre universelle.

❉

Il faut bien, lorsqu'on parle des jeunes gens, dire quelques mots de leur existence. Elle est difficile et douloureuse. Le pain est cher, les confitures le sont bien davantage. Toutes les portes sont ouvertes, il est vrai ; mais on y fait queue et il faut se battre pour entrer. Nos habitudes, nos mœurs sont moins bonnes, même les plus légères. Sur quoi se rattraper lorsque les idées générales ont fait leur temps. La patrie, je reviens à elle, ne serait-elle que le cabaret où l'on chante la patrie, il faudrait encore la regretter. On s'agite, on se démène, on se dévore. Les physionomies peuvent être différentes, la blessure est pour tous la même. Et qu'est-ce donc que le mouvement mystique ? Que sont ces mystiques en l'air, sinon des irrités, des sacrifiés, des déçus, qui se rejettent sur le ciel et le tâtent sans espérance ; le ciel aussi !

Un Cliché

Un Cliché

C'est ici même, si j'ai bonne mémoire, à cette place où j'écris, qu'Ignotus, qui avait peut-être un goût excessif pour les prédictions, nous a annoncé le premier le général X. Il le voyait venir depuis longtemps avec ses grosses bottes et son grand sabre. Quand Ignotus est mort, le général n'avait pas encore paru.

Depuis cette prophétie que l'on doit au célèbre chroniqueur et que tant de penseurs parisiens ont reprise pour leur compte, nous ne vivons plus. Nous sommes là, les bras croisés, la gorge sèche ; rien ne marche ; les transactions languissent ; l'agriculture manque de bras ; Ibsen triomphe ; l'Europe nous enveloppe de son mépris ; les femmes elles-mêmes ont cessé de s'habiller et se tiennent dans leur oratoire ; on attend le général X. Avez-vous vu le général X ? Comment va-t-il ? Quand vient-il ? Il paraît qu'il a un sabre extraordinaire ! On ne parle plus d'autre chose et on ne s'occupe plus d'autre chose. Dès que la vie politique, la seule qui se soutienne encore un peu, prend des proportions alarmantes, quand Dupuy, par exemple, succède à Dupuy ou que la droite vote avec la gauche, des voix inspirées s'élèvent aussitôt : « V'là le général ! V'là le général ! » On se tait ; on ne respire plus ; la France est sur la pointe du pied. Rien ! Rien ! Absolument rien ! Le général n'est pas prêt ; il se consulte ; il temporise ; nous ne l'aurons pas encore cette fois.

**

On s'explique très bien, pour peu qu'on y réfléchisse, les hésitations du général X. La politique d'abord ne le passionne pas autant qu'on le croirait. Il en prend et il en laisse. Il peste volontiers contre la République, mais sans avoir à s'en plaindre; elle l'a toujours très bien traité. Il a trente ans de bons et loyaux services, des campagnes, des blessures; il a son épée, son grade et le grand-cordon; il a son code d'honneur et de devoirs militaires; il ne voudrait pas, autant que possible, finir dans la peau d'un aventurier.

D'un autre côté, il faut bien le reconnaître, le général X a quelque droit de se plaindre de ses partisans. Ils ne ménagent pas assez son amour-propre. On ne lui demande ni talent ni intelligence. Disons le mot. Ce serait une véritable brute, on aimerait mieux ça. On le prend pour *taper dessus*, pas autre chose; pour taper de toutes ses forces et à tour de bras. Il est bien clair qu'une fois le grand chambardement terminé, on se débarrasserait de lui le plus vite possible.

Dans le programme imposé en quelque sorte au général, toute la partie qui le concerne plus spécialement est de ce ton désobligeant. On lui répète sans cesse qu'il ne compte pas, qu'il n'est qu'un instrument nécessaire, une sorte de sabre anonyme auquel il faut bien avoir recours. On en fait un *Monk malgré lui*. Assurément ce rôle de Monk est très glorieux; il est honorable et sympathique; il faut bien de la vertu pourtant pour s'y résigner. A une époque comme la nôtre, qui ne pèche pas précisément par l'abnégation et le sacrifice, celui qui se charge d'une besogne, celui qui a couru tous les risques trouve assez naturel de se réserver les profits.

On comprend mieux maintenant que le général X ne se presse pas; qu'il se soit dérobé jusqu'ici. Il a tout l'air de dire aux prophètes, aux fumistes, à tous ceux qui avaient compté sur un coup de tête de sa part : « Décidément non ; faites vos petites affaires sans moi ».

***

Il faut que les prophètes en prennent leur parti ; nous ne croyons plus au général X ; nous ne voulons plus de lui ni de ses services. Nous y avons été pris une fois, c'est assez. Nous nous sommes amourachés d'un charlatan militaire, qui n'était pas bien terrible, il est vrai, et qui travaillait pour les restaurants, comme dirait Rochefort, beaucoup plus que pour les restaurations. L'aventure a été si scandaleuse qu'on ne trouverait plus personne aujourd'hui pour la recommencer, ni les ambitieux qu'elle avait rassemblés, ni les princesses qu'elle avait séduites, pas même les camelots.

Qu'est-ce que vous lui reprochez donc à cette pauvre République pour la remettre aux mains des soldats ? Elle ne ressemble que trop aux autres gouvernements. Elle a conservé précieusement les abus. Elle renvoie de jour en jour les réformes et les améliorations. Elle condamne bien haut le désordre et le réprime avec sévérité. La voilà armée maintenant contre l'A..., contre cette secte indéfinissable et que la prudence ne me permet pas de nommer. Enfin elle vient de placer à sa tête un homme comme vous les aimez, inflexible et tutélaire à la fois, qui a de l'autorité à revendre, qui en a par tempérament, par théorie et jusque par héritage. Votre général X ne vaudrait pas mieux et il serait bien plus embarrassé ; les principes avec lui se trouveraient compromis. Contentons-nous donc du maître qui nous est assuré pour sept ans, un propriétaire à poigne, *un dictateur en habit rouge*, comme l'a appelé l'une des femmes les plus spirituelles de la nouvelle cour.

En ce moment, les hommes vraiment malheureux et qui

peuvent se plaindre avec raison de la République, ce sont ceux qui l'ont fondée. L'éloquent M. Millerand n'a rien dit de trop lorsqu'il nous a montré leur profonde tristesse. L'amitié de la Russie, les faveurs manifestes de l'Eglise et le régime impérial, c'est une salade, qu'on me passe le mot, qu'ils ne pouvaient guère prévoir et d'une digestion assez difficile. La République faite par eux n'est plus avec eux. La réaction les écarte en même temps que le socialisme les dépasse. Leur rôle est joué.

Après tant de difficultés et tant de crises, après tant de périls de tous les genres, la République paraît plus installée que jamais. L'empereur de Russie, en lui tendant la main, a comme garanti son existence. Ne l'aurait-il préservée que des incidents de frontière, elle lui devrait encore beaucoup. Le Pape la compromet bien un peu ; il la cultive et la bénit vraiment trop ; mais Léon XIII est à la mode. A l'intérieur, la République se trouve aux prises tous les jours avec les plus célèbres pugilistes ; ils voudraient depuis longtemps la *tomber* et ils n'y parviennent pas. Elle se tire de tout, de ses amis et de ses ennemis. Elle ne pourrait craindre quelque chose, elle ne pourrait se sentir menacée qu'en un cas, si nous apprenions un matin, en nous réveillant, que le baron Legoux est monté à cheval.

Deux Préfaces

1882

Mon aimable confrère, M. Arnold Mortier, a désiré que je présente au public le neuvième volume de sa collection. C'est beaucoup d'honneur qu'il me fait. J'ai déjà eu occasion, il y a deux ans, dans un journal, de parler des *Soirées Parisiennes* et de dire le bien que j'en pensais. Toutes ces chroniques sont vraiment charmantes, d'un joli ton, de très bonne guerre. Il faut avoir bien de l'esprit pour n'en manquer jamais et saisir ainsi, chaque jour, le ridicule du jour. De temps en temps, dans les grandes circonstances, lorsqu'un auteur ou une pièce en vaut la peine, M. Mortier ne s'en tient pas à l'actualité. Il donne son avis. Il le donne discrètement, mais très finement. Il a de la mesure, la préoccupation d'être équitable et une indépendance absolue.

Je n'ai pas caché à mon aimable confrère le péril où il me mettait avec son obligeante proposition. On ne peut qu'y perdre, lorsqu'on travaille pour le théâtre, à s'occuper du théâtre. Le silence, pour un auteur dramatique, c'est le commencement de la sagesse. S'il aime son art et qu'il aime à en parler, il indispose ceux qui le connaissent mieux que lui. Qui ne le connaît mieux que lui ? Qu'il prenne bien garde de se louer ! Qu'il prenne bien garde de se plaindre ! On ne lui demande que bien peu de chose après tout, d'être conciliant. Conciliant avec les directeurs, conciliant avec les comédiens, conciliant avec les critiques, conciliant avec ses confrères, enfin conciliant avec le public. Il a besoin de tout le monde et personne n'a besoin de lui. Quel malheur qu'on ne puisse pas s'en passer tout à fait !

La vie littéraire, qui a été toujours si active et si brillante dans notre pays, ne se ressemble plus. On écrit beaucoup, on produit peu. Poésie, histoire, hautes études, les grands travaux paraissent abandonnés. Ce temps d'arrêt et d'impuissance n'échappe à personne, personne pourtant ne le relève trop vivement. Soit que l'art dramatique nous préoccupe davantage par sa grandeur et un intérêt plus universel, soit que l'on parle du théâtre plus couramment, comme d'un lieu public, c'est lui, ce pauvre théâtre, qu'on a pris à partie depuis quelque temps et qui est en train de payer pour tout le monde ; dans la stérilité générale, on ne se plaint que de la sienne. Plus d'imagination ! fait l'un. Plus de gaieté ! répond l'autre. Et le métier, jeunes gens, le métier ! s'écrie un troisième. Si l'on ne dit rien du style, c'est que le style, au théâtre, ne compte pas. Ce point a été décidé par les arbitres, il n'y a pas à revenir dessus.

Je trouve, pour ma part, qu'on va bien vite, et qu'une condamnation si sommaire, qui reparaît chaque matin dans un journal ou dans un autre, manque pour le moins de générosité. C'est trop et ce n'est pas assez. Quelques explications ne feraient pas mal. Passe encore aux gens du monde de pousser des cris sauvages, dès que leurs plaisirs se trouvent compromis. On comprend, par exemple, que le public des mardis de la Comédie-Française, qui est toujours si aimable et si bien élevé, excepté le mardi, décide bruyamment d'un spectacle où sa quiétude sociale et sa frivolité sont mises à l'épreuve. Mais entre confrères, de la part d'écrivains qui jugent d'autres écrivains, les ménagements et adoucissements semblent commandés par une indulgence réciproque. La plupart de nos critiques sont déjà vieux dans le métier ; ils suivent le mouvement théâtral depuis longtemps ; ils savent ce qui se passe d'un côté de la scène et de l'autre côté ; nous vivons en de bons termes avec eux et nous leur contons volontiers nos tribulations, pour ne pas dire plus ; ils frappent sur des hommes qui ont été courageux, qui sont venus dans un mauvais moment, qui luttent encore tous les jours avec la routine et l'incapacité.

Soit. L'art dramatique est assez malade, les auteurs disparaissent sans être remplacés. Il faut bien se dire que cette crise ne date que d'hier et se rappeler tout ce qui s'est fait de théâtre depuis cinquante ans. Œuvre énorme, magnifique et surprenante, comme on n'en rencontre à aucune époque et dans aucun pays. Assurément, l'homme de génie manque ; les pièces admirables et immortelles font défaut ; quelques-unes survivront à leur époque, mais comme des documents littéraires, comme des ouvrages moyens, que leur vogue bruyante, les complaisances de la critique, la vanité de leur auteurs, ne sauraient rapprocher une minute des monuments qui passionnent les postérités. Cette production extraordinaire s'est manifestée dans tous les genres, et dans tous les genres elle a réussi : opéra, drame et comédie, vaudeville, féerie, ballet, etc. Elle a répandu sur toutes nos scènes l'imagination, le sentiment et l'esprit. Elle a acquis à notre vieux théâtre français deux qualités qui, jusque-là, n'étaient pas bien de sa famille : le mouvement et l'action. On peut dire enfin qu'elle l'a complètement affranchi. Croit-on que de pareilles périodes, d'inspiration et de conquête, soient si fréquentes dans l'histoire d'un art et qu'elles se renouvellent du jour au lendemain ? Faudrait-il s'étonner qu'une génération prodigue eût enlevé à la nôtre les moyens de la continuer ; qu'en se saisissant de tout, elle nous ait laissé peu de chose ; que nous nous trouvions avec elle comme ces héritiers malheureux qui reçoivent de leurs ancêtres une terre illustre et épuisée ?

Ce grand mouvement d'art dramatique ne s'est pas produit, on le pense bien, sans prendre de la place ; il en a pris beaucoup ; il a pris la place toute entière. Vingt-cinq auteurs environ, quelques-uns dans le nombre que la collaboration venait chercher, se sont partagé les théâtres. La vogue de leurs ouvrages, presque toujours légitime, excessive quelquefois, aidée d'ailleurs d'une interprétation exceptionnelle, s'est chiffrée par des deux cents, trois cents et même cinq cents représentations. A un moment où ils se faisaient eux-mêmes concurrence et où ils étaient obligés souvent d'attendre le tour qui leur était garanti, comment des inconnus auraient-ils réussi à trouver le leur ? Ce n'est pas tout. Peu à peu, d'année en année, se formait un répertoire, moins grand sans doute que l'autre, mais d'un intérêt plus moderne et qui devenait pour les directeurs une mine inépuisable. Entre la pièce nouvelle et la pièce reprise, les inconnus se sont trouvés constamment étouffés. Une chance leur restait, bien petite et bien misérable chance : le bas des affiches. Mais les prétentions de nos auteurs marchaient de pair avec leurs succès, et en exigeant, comme ils l'ont fait, *les droits d'auteur de la soirée,* ils ont enlevé à de nouveaux venus et la possibilité d'être joués et la possibilité de vivre.

Je ne songe pas, bien loin de là, à incriminer des confrères que leurs avantages ont préoccupés avant tout. Le désintéressement et la générosité ne peuvent s'exiger de personne. Une belle fortune, dans les arts ou ailleurs, est toujours une bonne chose. On ne sait plus bien aujourd'hui quel est le plus noble, de l'acquérir ou de l'augmenter. J'insiste en passant sur cette petite question d'argent pour amener une fantaisie qui n'est pas trop loin de mon sujet et qui m'a paru assez plaisante, lorsque je l'ai entendue. Dernièrement, quelqu'un faisait remarquer devant moi que nos artistes, maintenant si rangés et si sérieux, lorsqu'ils observent la société moderne, n'y voient plus que des fous, des exaltés, des artistes en un mot. C'est le monde retourné. On est tenté de leur dire : Où sont-ils donc, vos malades ? Montrez-nous-les, vos détraqués ! Dans cette fin de siècle, qui pour quelques gouttes de morphine voudrait se donner les airs d'une somnambule, la grande et unique névrose ne serait-elle pas la cupidité ?

Eh bien ! si pénible que fût cette situation, on l'aurait encore subie patiemment. Il fallait bien courber la tête devant le talent et le succès. Toutes nos scènes, l'une après l'autre, prenaient l'habitude de fermer deux et trois mois sur douze, c'était un coup de plus à supporter. Les têtus et les opiniâtres se seraient tenus là, l'oreille au guet, pour boucher un trou et passer à travers les fentes sans un dernier obstacle qui les attendait, celui-là infranchissable. Le mot est sur toutes les lèvres et personne ne le dit : les directeurs ne veulent rien jouer. Ils ne veulent jouer que des auteurs adoptés, qui répondent de leurs ouvrages. Et ce n'est pas seulement de leur part question de boutique et de recettes. Il leur arrive tous les jours de reprendre des vieilleries sur lesquelles ils ne comptent plus et dont la vogue, ils le savent, est épuisée. Aujourd'hui où presque tous nos théâtres sont en commandite et où les directeurs reçoivent des traitements considérables, la préoccupation d'argent n'est pas plus importante pour eux que la préoccupation d'amour-propre. Ils ne veulent rien jouer par ignorance. Ils ne savent pas. Ils craignent de se tromper. Ils tremblent devant la perspective d'une chute. Gens impatientants, qui parlent toujours de leur compétence et n'ont aucune confiance dans leur jugement.

Quel plaisir aussi, quel plaisir et quelle instruction ç'a été dernièrement, lorsqu'une grande artiste a commencé le rachat de nos théâtres qu'elle va tirer de la servitude. Ces mondes à porter ne lui font pas peur. A peine l'Ambigu était-il rouvert et nettoyé de sa dernière affiche, elle y amenait le mouvement, la vie, des airs de fête et de victoire. Là où il n'y avait plus rien, mais rien de rien, pas un fœtus dramatique, sur ce boulevard épuisé, disait-on, elle trouvait trois auteurs, trois pièces, trois genres ; elle les trouvait en levant le doigt pendant que ses voisins, des directeurs consommés, ceux-là, avec leur mine rogue et leurs airs entendus, se disputaient le *Courrier de Lyon* pour l'éternité.

Voilà la vérité et de bonnes vérités qu'il y aurait quelque mérite, pour nos critiques, à faire entendre de temps en temps plutôt que de s'en prendre aux victimes et de leur porter le dernier coup. On nous écrase en bloc et séparément on ne nous relève jamais qu'à moitié. On a vu pourtant, cette année, dans cette bienheureuse et si tardive année, que quelques hommes de théâtre restaient encore et que nous n'attendions qu'une occasion, la voie enfin ouverte, pour nous précipiter tous. Faut-il rappeler tout ce que nous venons de donner : *Henri VIII*, les *Corbeaux*, le *Mariage d'André*, *Amhra*, le *Nom*, *Monsieur le Ministre*, le *Père de Martial*, le *Fond du sac*, les *Mères ennemies*, la *Glu*, l'*As de trèfle*, le *Siège de Lille*, le *Nouveau-Monde*, les *Maris inquiets* ; j'en oublie peut-être. Quel qu'ait été le sort de chacune de ces pièces et quelque opinion qu'on puisse en avoir, tous ces ouvrages réunis ont au moins un mérite, que le roman même, ce triomphateur du moment, ne pourrait pas réclamer pour lui : la variété. Enfants de Victor Hugo ou de Balzac, élèves de M. Dennery ou de M. Labiche, prenons-nous les mains et défendons ensemble ce bout de plateau emporté si péniblement. Aimons-nous justement dans la diversité de nos talents. Rions avec ceux-ci, pleurons avec ceux-là. Que le vers soit l'ami de la prose et que la prose rende hommage au vers. Pas de préférences ! Pas d'exclusions ! Pas de théories surtout ! L'un ne comprend que le théâtre qu'il fait ; l'autre ne peut pas faire le théâtre qu'il comprend. Attaqués de toutes parts dans nos efforts et dans nos tentatives, déployons-nous gaiement sous cette levée de martinets. Depuis Aristote, qui avait institué, comme on sait, des règles immuables, jusqu'à ce pauvre Scribe dont on nous rabâche encore quelques dictons ridicules, les professeurs d'art dramatique n'ont jamais manqué. Qu'ont-ils suscité ? Rien ! Qu'ont-ils empêché ? Rien encore ! Le chien aboie, dit un proverbe arabe, et la caravane passe. Une seule vérité paraît définitive aujourd'hui : il n'y a pas de mesure pour le talent, il n'y a pas de conventions que l'originalité ne détruise et ne remplace. Si c'est le dernier mot de l'esthétique, elle s'est donné vraiment bien de la peine pour en arriver là.

Maintenant que cette belle famille d'auteurs qui commandait et qu'on attendait partout est à peu près éteinte ; maintenant que son œuvre a vieilli et va bientôt disparaître, nous trouvons, il est vrai, dans les théâtres, des visages plus accueillants. Nous sommes introduits, écoutés, encouragés, et même on reçoit quelquefois nos pièces, quitte à ne pas les jouer. Mais c'est là pour les directeurs une situation si irrégulière qu'ils reprendront bien des *Tour de Nesle* et bien des *Chapeaux de paille d'Italie* avant de compter décidément avec les nouveaux venus. Dans le cas où notre Conseil municipal, préoccupé des intérêts dramatiques comme il vient de l'être des intérêts musicaux, serait disposé à faire quelque chose, je tiens un petit projet de théâtre à sa disposition et je le joindrai ici, si M. Mortier le veut bien, comme une *Soirée Parisienne* de plus.

ARTICLE PREMIER.

Il est créé un théâtre extraordinaire pour la confection et la réfection des auteurs dramatiques.

Art. 2.

Ce théâtre sera situé dans le centre de Paris. Par sa construction, le nom qu'on lui donnera, la composition de sa troupe, etc., il ressemblera aux autres théâtres. On évitera soigneusement tout ce qui pourrait le désigner à la malignité publique.

Art. 3.

Un concours est ouvert pour la place de directeur. Les personnes sans emploi ou qui auraient échoué dans d'autres carrières, devront, en se présentant, justifier d'une qualité indispensable : l'austérité.

Art. 4.

Le directeur exercera ses fonctions gratuitement. Toutefois il pourra recevoir une indemnité par chaque pièce nouvelle.

Art. 5.

Si le directeur, dans un grave moment de sa gestion, était amené à prendre la décision suivante : « L'entrée du théâtre est interdite à toute personne étrangère au service » dans cette catégorie ne pourraient pas être compris les auteurs.

Art. 6.

Toute pièce, jouée à ce théâtre, ne pourra l'être que pendant trois semaines, le temps nécessaire pour en monter une autre.

Art. 7.

La reprise d'un ouvrage ancien ou moderne est formellement interdite.

ART. 8.

Le pourboire connu sous le nom de lever de rideau est supprimé.

ART. 9.

Le matériel du théâtre ne pourra comprendre que quatre décors : un temple, une forêt, une rue et un salon. Dans le cas ou un cinquième décor paraîtrait exceptionnellement nécessaire, il en serait référé à la Commission supérieure des théâtres, qui n'a jamais été réunie depuis qu'elle existe.

ART. 10.

Le directeur, en ce qui concerne les toilettes à payer par le théâtre, fera une différence entre les artistes qui vivent dans leur famille et celles qui vivent dans leur hôtel. Cette distinction devra profiter aux premières et non pas aux autres, comme le directeur pourrait être tenté de le croire.

ART. 11.

Un commissaire du gouvernement sera attaché au théâtre avec des attributions nouvelles ; il prendra le parti des auteurs contre le directeur, contrairement à ce qui s'est passé jusqu'à ce jour.

ART. 12 ET DERNIER.

Il sera introduit dans le Cahier des charges une obligation spéciale par laquelle le directeur sera tenu de remplir toutes les autres.

Depuis près de quinze ans que j'écris pour le théâtre, et en voilà bientôt dix que je fais partie de la Commission des auteurs, j'ai bataillé un peu partout pour les auteurs nouveaux. Inutile et médiocre entreprise où l'on rend moins de services qu'on ne se crée d'hostilités. Des amis bienveillants me conseillent l'indifférence, de laisser là les intérêts communs et de m'en tenir à mes travaux. Je me reprocherais, je l'avoue, d'abandonner des confrères qui se débattent encore dans les difficultés dont je suis à peine sorti. J'ai besoin de plaider leur cause. Je serais si heureux que leur talent me donnât raison et triomphât de tant de mauvais vouloirs. D'autres viendront après nous qui doivent être plus heureux que nous, qu'on ne peut pas condamner d'avance au découragement, à la tristesse et à la stérilité. S'il y a, pour l'art dramatique, quelque renaissance possible, elle ne viendra pas bien certainement des morts et des mourants. Poussons donc de notre mieux à la production. Réclamons incessamment pour elle des débouchés et des appuis. Demandons à tous nos directeurs plus de décision que d'habileté et des fantaisies d'hommes d'art plutôt que des prétentions d'hommes d'affaires.

1887

Voici l'année théâtrale 1887, et comme celles qui l'ont précédée, comme celles qui la suivront, elle est pleine de talent, d'esprit, de gaieté, de succès de tous les genres. C'est l'année de *Coquard et Bicoquet*.

Si ce qui s'écrit un peu partout était vrai, l'art dramatique serait bien malade et toucherait à sa fin Je ne puis pas, à cette place surtout et en me faisant l'introducteur de mes confrères, accepter une condamnation aussi injurieuse pour eux. Quoi qu'on en dise, nous produisons encore ; notre fécondité n'est pas énorme, elle est très suffisante ; avec un peu plus de peine peut-être nos théâtres trouvent encore le moyen de vivre et de vivre fort convenablement.

Je crois bien que la Chronique théâtrale, au lieu de gémir sur notre impuissance, pourrait s'employer plus utilement. Elle pourrait attaquer les directeurs, par exemple ; surveiller l'Odéon qui devient une exploitation anglo-française. Elle pourrait prendre en main des créations excellentes comme le *Théâtre-Libre*. Elle pourrait, je ne dis pas être favorable aux débutants, mais seulement les écouter.

Je viens de nommer le Théâtre-Libre de M. Antoine et je l'ai fait exprès. Voilà un directeur vraiment jeune, vraiment cultivé, avec une perception très fine de toutes les choses du théâtre ; des auteurs convaincus et dont le désintéressement ne fait pas de doute ; une troupe pleine d'ardeur, qui possède deux qualités inestimables : la simplicité et le naturel ; dès que cette maison d'art a été ou-

verte, tout le public lettré y est accouru, et il faut bien le
dire, il n'y a eu de vie dramatique, l'hiver dernier, que
chez elle. La Chronique théâtrale a pris les choses autrement. Elle est entrée là comme une matrone, comme un
corps enseignant : à la première indécence, elle a fait mine
de se retirer. Toutes ces tentatives si intéressantes, qui le
seraient seulement par la tournure d'esprit de leurs auteurs
et par les coins de société qu'on nous montre pour la première fois, l'ont scandalisée. « *Théâtre de l'Avenir !* » a-t-elle dit dédaigneusement, sans songer que du même coup
elle atteignait l'avenir du théâtre. Entre-temps, on lui a
donné la *Puissance des Ténèbres*, du grand Tolstoï, qui
est peut-être la plus haute conception de la misère et du
crime que nous ayions jusqu'ici. Bah ! *La Puissance des
Ténèbres* a été rayée du régistre dramatique, et par qui,
par les mêmes hommes qui regrettent Pixéricourt, commentent Gaboriau et nous enseignent les lois définitives
du mélodrame.

Je sais tout ce qu'on peut dire de l'Ecole nouvelle. Elle
tient pour la vie et la vie n'est pas toujours bien réjouissante. Elle aime la vérité qui a peut-être besoin de choix
et de ménagement. En même temps elle voudrait substituer
ses conventions aux conventions précédentes et nos raisonneurs ne peuvent pas se mettre ça dans la tête. Mais toutes les formes d'art ont leur prix et le droit de se manifester, celle-là surtout qui vient de renouveler le roman. Elle
n'est que trop sincère et ne pense pas une minute à *épater*
son monde. Elle n'est ni une mode ni une pose, encore bien
moins une *fumisterie*. Elle est un état littéraire qui correspond bien certainement à un état social.

Je parle là de l'Ecole nouvelle en spectateur, en critique,
et justement comme la Chronique théâtrale devrait le faire.
Je ne suis pas plus aveuglé qu'il ne faut. J'irai même plus
loin. Si un poète inspiré surgissait tout à coup et nous don-

naît un nouveau *Cid,* le *Cid* d'aujourd'hui, ce n'est pas moi qui m'en plaindrais. Mais il faut attendre qu'il vienne, et que le grand art, pour reparaître, ait trouvé son expression. Jusque-là, la Chronique théâtrale pourra déplorer, soupirer, rougir même, elle n'obtiendra rien. Les brocanteurs de l'idéalisme ne compteront pas ; les épiciers de l'imagination ne compteront pas ; et cette bonne Mme Adam elle-même, qui rêve maintenant sur le divin, c'est bien drôle, en sera pour ses accès d'apocalypsie.

Lorsqu'on a suivi de près la critique et qu'on la juge à son tour, on reste stupéfait devant son éternel rabachage. L'histoire de l'art n'est qu'une lutte entre les talents originaux et les esprits routiniers. La critique le sait et elle recommence toujours. Les talents originaux ne relèvent que d'eux-mêmes ; on les écrase quelquefois mais on ne les soumet pas ; quand ils se modifient, ils ne cèdent encore qu'à leur secrète inspiration. La critique sait bien cela et elle recommence toujours. Enfin, si on ne peut pas demander à toutes les œuvres d'être *humaines*, ce serait trop beau, il est indispensable qu'elles portent la marque de leur époque, qu'elles soient une note et une date. La critique le sait bien encore ; elle sait tout cela ; elle l'a écrit elle-même bien des fois ; et elle recommence toujours. Comment la Chronique théâtrale ne comprend-elle pas qu'elle se retire le pain de la bouche, qu'elle met sa postérité sur la paille, en voulant enlever à une période d'art son caractère particulier, ce caractère qu'elle recherchera si laborieusement plus tard, qui sera pour elle une nouvelle source d'études, d'erreurs et de piquantes absurdités.

L'École nouvelle, il faut bien le reconnaître, a quelque chose contre elle, quelque chose de très fâcheux. Elle n'a rien produit. Elle a eu ses docteurs et ses apôtres ; ils n'ont rien produit. M. Zola, toujours si convaincu dans ses programmes et ses réclames, n'a encore rien écrit pour le théâtre. M. de Goncourt pareillement. M. de Goncourt a joué pendant trente ans à l'auteur sifflé, sans raisons, sans titres, pour cette panade d'*Henriette Maréchal*. Un autre, M. Henry Céard, est un homme très fort, très sûr de lui ; on attend toujours qu'il éclate. Si on avait écouté ces messieurs, ils devaient briser des portes, escalader des murs, planter des drapeaux. Finalement ils n'ont réussi qu'à ridiculiser leurs théories et à laisser à leurs successeurs une partie fort compromise.

Si la Chronique théâtrale était sage et dévouée, elle changerait du tout au tout. Elle souhaiterait le bonsoir aux auteurs célèbres et épuisés ; elle condamnerait des reprises déplorables au lieu de les donner en exemple ; elle exalterait ce qui est nouveau, imprévu, excessif, scandaleux même, pour pousser à la production et pour s'épargner bien souvent de mémorables gaffes. Elle demanderait aux directeurs de jouer des pièces, pas autre chose ; des pièces faites par l'auteur tout seul et pour le texte tout seul ; des pièces qui n'exigeraient ni érudition, ni reconstitution, ni voyages, ni estampes, ni musique de scène, pas le plus petit boniment. Elle patronnerait toutes les associations et tous les débouchés, *Théâtre-Libre*, *Etourneaux*, *Indépendants*, etc. Autrement la génération qui vient fera comme celle qui l'a précédée ; elle fera de la politique et des affaires ; elle fera du journalisme, du roman, des vers ; mais elle ne fera pas de théâtre et elle aura bien raison.

La Société des Auteurs
et Compositeurs dramatiques

La Société des Auteurs et Compositeurs Dramatiques

CAISSE DE RETRAITES

Il y a quinze ans passés maintenant, le 21 février 1879, la Société des auteurs et compositeurs dramatiques était arrivée à sa fin. La Commission en exercice se trouvait tout indiquée pour établir une Société nouvelle avec les changements et les améliorations qui paraîtraient nécessaires. Je peux parler savamment de cette commission dont je faisais partie.

Nous nous trouvâmes tout de suite devant une difficulté qui, pour être prévue, n'en était pas moins assez délicate. Si la liquidation de l'ancienne Société nous avait été demandée et si l'actif avait été réparti entre tous les membres, il serait revenu à chacun 800 francs environ.

Eh ! mon Dieu, pour un homme de lettres qui n'est pas bien aisé, qui n'est plus jeune et qui ne produit plus, 800 francs valent mieux que rien et font plaisir à recevoir.

Mais toutes nos grosses têtes, je crois que l'on dit maintenant les grosses légumes, nos auteurs à capitaux ou à succès ne l'entendaient pas ainsi. Ils ne voulaient de la liquidation à aucun prix. Ils avaient décidé que l'actif de l'ancienne Société serait conservé et versé intégralement dans la nouvelle. Notre Société, on le voit, ressemble à toutes les autres ; on peut y retrouver, pour 800 francs, la lutte des classes, le conflit permanent des riches et des pauvres.

Nous étions deux ou trois, trois ou quatre au plus, préoccupés de créer une caisse de retraites et pas bien sûrs de l'obtenir de nos collègues. Ces malheureux huit cents francs nous servirent à leur forcer la main. « Eh « quoi ! leur dîmes-nous, vous voulez priver de cette « somme des confrères déjà âgés et besoigneux, sans leur « rien donner en échange ? Pourquoi n'emporteraient-ils « pas leurs fonds plutôt que de les laisser dans la nouvelle « Société qui ne les intéresse plus ? Faites quelque chose « pour eux, ne serait-ce qu'une promesse. »

Finalement, la caisse de retraites fut votée. Elle avait amené, il faut bien que je le dise, plus d'une querelle entre ceux qui la réclamaient avec obstination et ceux qui la repoussaient dédaigneusement. Je me souviens que Labiche, le bon et excellent Labiche, était un des plus hostiles. Dès que le beau temps était venu, Labiche nous avait laissés là et était parti pour ses terres. Il nous écrivait de Sologne lettre sur lettre, où il nous recommandait la seule combinaison qui fût, selon lui, un peu sérieuse, l'*acquisition d'un hôtel*. Le propriétaire chez Labiche reparaissait à tout moment, un propriétaire farouche et qui manquait de gaîté.

Il était facile de prévoir que cette caisse de retraites, votée par les uns à contre-cœur et sans préparation suffisante, fonctionnerait assez misérablement. C'est ce qui est arrivé. La Société, après quinze années d'existence, ne sert encore que 80 pensions, et la pension n'est que de 600 francs. Au moment où j'écris, il faut être âgé de soixante-neuf à soixante-dix ans, je ne dis pas pour la recevoir, mais seulement pour l'espérer.

Jusqu'à présent, toutes les réclamations ont été inutiles,

LA SOCIÉTÉ DES AUTEURS ET COMPOSITEURS

et elles n'ont pas manqué. Quelques-unes ont été faites par des chansonniers, des contemporains de Béranger ; les vers n'ont pas plus réussi que la prose. Chaque année, à l'assemblée générale, un membre se lève et interpelle la Commission ; le président répond brièvement que la Société n'a pas d'argent ; la question en reste là.

Eh bien ! c'est une erreur, et une erreur peut-être volontaire. La Société a beaucoup d'argent. Je dirai plus. La Société a trop d'argent. J'irai plus loin encore. La Société est menacée de périr par l'excès même de sa fortune.

Voici notre situation, qui est bien facile à établir.

La Société, lorsqu'elle a commencé le 21 février 1879, possédait . . . . Fr.	246.521 40
Aujourd'hui, après quinze années d'existence, elle possède en plus	870.642 25
Je laisse de côté le sinistre Peragallo, bien qu'il ait été très onéreux.	
La Société, dans les dix années qui lui restent à courir, gagnera encore	580.428 15
Total . . . . . . Fr.	1.697.591 80

D'un autre coté, lorsque la Société a commencé, le 21 février 1879, elle comprenait 468 membres. Aujourd'hui, après ces quinze premières années, elle en a perdu 250, un peu plus de la moitié.

Cette mortalité, pour le dire en passant, qui atteint les auteurs dramatiques, a de quoi faire réfléchir. La seule consolation qu'elle présente est celle-ci : les membres de l'Académie résistent mieux que les autres et se prolongent indéfiniment. Il faut croire que les petites luttes du théâtre sont plus meurtrières que les grandes batailles.

La Société, dans les dix années qui lui restent à vivre,

est appelée à perdre 100 autres membres. Le nombre des membres survivants se trouvera ainsi de 118.

La Société, pendant ces quinze premières années, n'a pas remplacé les membres qui ont disparu, bien loin de là. Elle n'a reçu que 96 auteurs nouveaux, et sur ces 96 elle en a déjà perdu 5. Elle est appelée à en recevoir encore 38, et sur ces 38 elle en perdra deux et demi.

$$118 + 91 + 36 = 245$$

Ainsi la Société, lorsqu'elle sera arrivée à son terme, comprendra environ deux cent cinquante membres et possédera environ un million sept cent mille francs. Si la liquidation est demandée et si l'actif est réparti entre tous les membres, il reviendra à chacun près de sept mille francs.

Soyez bien certains, messieurs nos directeurs, que la liquidation sera demandée et que tous les membres sans distinction, ceux-là aussi qui ont fait fi autrefois des huit cents francs, se jetteront sur les sept mille.

Dans ces conditions, la Caisse de retraites doit être refaite complètement, établie sur des calculs nouveaux, sur des calculs tels que tous les membres, lorsque la Société arrivera à son terme, trouvent un intérêt réel, sérieux, assuré, à laisser leurs fonds plutôt qu'à les retirer. En attendant, le devoir strict de la Commission est d'augmenter les pensions ; de les augmenter tout de suite et largement. Le péril aujourd'hui est à droite.

TABLE DES MATIÈRES

L'Enfant Prodigue	7
Les Corbeaux	19
La Navette	27
Les Honnêtes Femmes	35
La Parisienne	54
Brelan de confrères	67
Le Klephte	75
La Bouche du coche	85
Sarcey, Critique théâtral	93
Sarcey à l'Académie	111
L'Invitée	115
Sous la Coupole	121
Les Manuscrits	127
La fin du Théâtre	133
Les Professeurs au Théâtre	141
Leur Sacerdoce	149
La vieille Critique	157
Candidats Académiques	165
Sinécures	173
Une fête littéraire	180
Victorien Sardou	185
Ma Candidature	192
Les Jeunes Gens	197
Un Cliché	206
Deux Préfaces, 1882-1887	
La Société des Auteurs et Compositeurs dramatiques	227

ANNONAY. — IMP. J. ROYER.

15, rue Jean-Baptiste Colbert
ZI Caen Nord - BP 6042
14062 CAEN CEDEX
Tél. 31.46.15.00

RCS Caen B 352491922

Film exécuté en 1993

www.ingramcontent.com/pod-product-compliance
Lightning Source LLC
Chambersburg PA
CBHW061958180426
43198CB00036B/1445